서울리뷰오브북스

Seoul Review of Books

이번 제8호로써 《서울리뷰오브북스》의 역사도 이제 만 2년을 채우게 되었다. 제5호에서 '빅 북 빅 이슈'라는 주제를 다룬 바 있는데, 이번에는 '스몰 북 빅 이슈'라는 주제를 잡아 보았다. 물리적으로 두껍고 큰 소위 벽돌책이 내용상으로도 큰 주제를 다루고 있고 이것이 세상에 큰 반향을 불러일으킨 적도 꽤 있지만, 물리적으로는 얇고 작은 책이 그에 못지않은 큰 이슈를 다루고 있는 경우도 심심치 않게 있다. 그런 작지만, 결코 작지 않은 책들에 주목해 보고자 한 것이다.

김만권은 『공산당 선언』을 다룬다. 마르크스와 엥겔스가 1848년에 작성한 강령이 25년 후에 출판될 때, 그들은 이 강령이 부분적으로 낡은 것이 되었지만 이것이 강령일 뿐 아니라 역사적 기록이기 때문에 수정하지 않았다고 했다. 150여 년이 지난 오늘날에도 이 책에서 다룬 문제들이 (조금 달라진 모습으로이긴 하지만) 남아 있고 중요하기 때문에 여전히 읽을 가치가 있음을 밝히고 있다.

홍성욱은 브뤼노 라투르와 니콜라이 슐츠의 『녹색 계급의 출현』을 다룬다. 라투르가 최근 타계하여 이 책의 의미가 더욱 특별하게 되었다. 라투르는 인간과 비인간의 상호작용을 강조해 왔는데, 이 명제는 과학자와 그 연구 대상 사이에도 적용된다. 따라서 기후위기가 그의 관심 대상이 된 것도 자연스럽다. 기후위기는 인류 전체의 생존과 관련되지만 그 피해는 일부 계급에게 더 빨리 더 심각하게 다가오고, 또 다른 한편으로 계급 구조가 기후위기를 더 악화하는 측면도 있다. 그래서 기후위기와 계급을 긴밀히 연결 짓는 그의 논의가 더욱 설득력 있다.

이행남은 한병철의 『사물의 소멸』을 다룬다. 『피로사회』 등의 전작에서는 주체의 문제를 다뤄 왔는데, 이 책은 그 논의의 연장선에 있기는 하지만 이제는 주체 너머의 사물로 눈길을 돌린다. 과거의 규율사회에서는 계급 구조에 바탕을 둔 착취와 억압이 중요했지만, 이제는 사회가 완전히 달라졌기에 인간 주체의 해방을 위한 논의도 완전히 달라져야 한다고 한병철은 주장한다. 인간 사이에서 타자(성)가 소멸했듯이, 인간이 자신의 몸으로 경험하는 대상인 사물도 소멸했다는 것이 이 책의 핵심 주장이다. 그러나 이행남은 이 주장이 과도한 '선 긋기'와 지나친

'일면성'을 대가로 해서 얻어진 것일 수 있으며, 더 섬세한 시선으로 보면 한병철이 소멸했다고 선언한 것들이 여전히 유의미하게 살아남아 있다고 볼 수 있다고 제안한다.

8호에는 그 밖에도 최근 화제가 된 여러 책을 다루고 있다. 장하원은 최근 크게 인기를 끈 드라마 〈이상한 변호사 우영우〉의 대본집을 다룬다. 김원은 천현우의 『쇳밥일지』를 살피며 용접공으로서 글쓰기라는 새로운 삶의 방식을 선택한 그의 생각과 행동들을 추적한다. 김두얼은 최병천의 『좋은 불평등』을 다룬다. 그의 주장이 지닌 문제점을 개념적·경험적인 측면에서 검토한 뒤, 진보 세력이 불평등 문제를 다룰 때 우회적인 방법을 취하기보다 정공법을 택할 것을 권유한다. 진보 세력에게 주는 묵직한 조언이다. 권석준은 민태기의 『판타 레이』를 다룬다. 유체역학의 역사를 나름의 시각에서 분석한 역작인데, 과학사에 사전 지식이 없는 사람들도 이 세계에 쉽게 접근할 수 있도록, 그리고 그 의미를 잘 새길 수 있도록 권석준이 잘 안내해 주고 있다. 박대권은 『최재천의 공부』를 다룬다. 교실 현장에서 교사와 학생이 직접 취할 수 있는 공부법을 알려 주겠다고 해놓고 당국자들의 교육 정책에 대한 훈수를 두고 있어서 앞뒤가 잘 안 맞는 측면을 지적했다. 현재 사회의 많은 문제를 교육 탓으로 돌리면서 현재의 문제를 미래의 해결로 치환하려는 행태를 비판했는데, 이 책에도 이 비판이 적용될 수 있다. 민은경은 앤 카슨의 『녹스』를 다룬다. 일찍이 가족을 떠나 살다가 세상을 떠난 오빠를 애도하며 그와 나눈 편지, 그에 대한 추억을 담은 일기 같은 글들을 모은 것인데, 이 책이 지닌 물성의 독특함으로 주목할 만하다. 송지우의 *Humane*, 조문영의 『플루리버스』, 이석재의 『지능의 탄생』에 대한 리뷰도 해당 분야의 탄탄한 지식을 바탕으로 책 내용을 잘 소개하면서 그에 대한 예리한 비판적 시선도 곁들이고 있다.

《서울리뷰오브북스》는 전형적인 서평 외에도 다양한 글들을 실음으로써 단조로움을 피하고 재미를 더하고자 한다. 이번 호에서는 '이마고 문디'에서 김은주가 영화 〈고독의 지리학〉을 다루고 있고, 구정연의 '디자인 리뷰', 김수현의 '리스트 만드는 마음'이 그런 (어쩌면 본 재료 못지않은) 양념 역할을 톡톡히 해내고 있다. '문학' 코너에서 이번에는 문학작품 대신, 그에 대한 메타적인 에세이를 실었다. 이기호는 소설 창작법 강의의 경험을 재미있게 풀어냈고, 조영학은 번역가의 고된 삶을 재치 있게 묘사했다.

인간은 어떤 목표를 정해 놓고 그 방향으로 숨 가쁘게 달려야 할 때도 있지만, 가끔은 지나온 길을 돌아보고 옳은 방향으로 가고 있는지 가늠해 보고 필요하다면 방향을 수정하는 일도 필요하다. 대한민국은 수십 년간 고도 압축 성장을 통해 선진국 가까운 지위에 이르렀지만, 최근 일어난 비극적인 일 등을 고려할 때 잠시 숨을 고르면서 방향성을 고민할 만한 지점에 있다고도 생각된다. 《서울리뷰오브북스》도 지난 2년간을 돌아보면서 차분한 고민을 해보려 한다. 독자들의 연말연시도 그런 성찰의 시간이 되기를 바란다.

편집위원 박진호

"오늘날의 '주체'는 누구인가?
우리 시대의 주체들은 '어떤' 삶을 살아가며
'무엇'을 지향하는가?"

◀ 49쪽, 이행남 「신자유주의 사회에서의 자아의 소진과 사물의 소멸」

"계급의 정치는 21세기에 어울리는
새로운 선언문을 쓸 준비가 되어 있는가?"

◀ 29쪽, 김만권 「왜 21세기에 『공산당 선언』을 읽는가?」

"지금 당장 녹색 계급은 무엇을 할 수 있고,
무엇을 해야 할까?"

◀ 41쪽, 홍성욱 「전 지구적 기후위기와 녹색 계급」

"드라마가 아닌 현실에서 우영우는 공동체의 일원으로 살아갈 수 있을까?"

◀ 79쪽, 장하원 「자폐인 변호사라는 실험」

앤 카슨
녹
봄날의책

"'정동노동자'로서 천현우의 모습은 어떤 것일까."

▼ 100쪽, 김원 「노동자가 되기 위한 배움」

"그림 안의 그림, 거울 속의 거울.
슬픔이 사랑한 슬픔,
애도의 미장아빔(mise en abyme)."

▼ 85쪽, 민은경 「애도와 번역의 퍼포먼스」

"인공지능은 지능이 아니라는 것인가? 아니면
인공지능체 역시 살아 있는가?"

▼ 107쪽, 이석재「지능은 태어나야 하는가?」

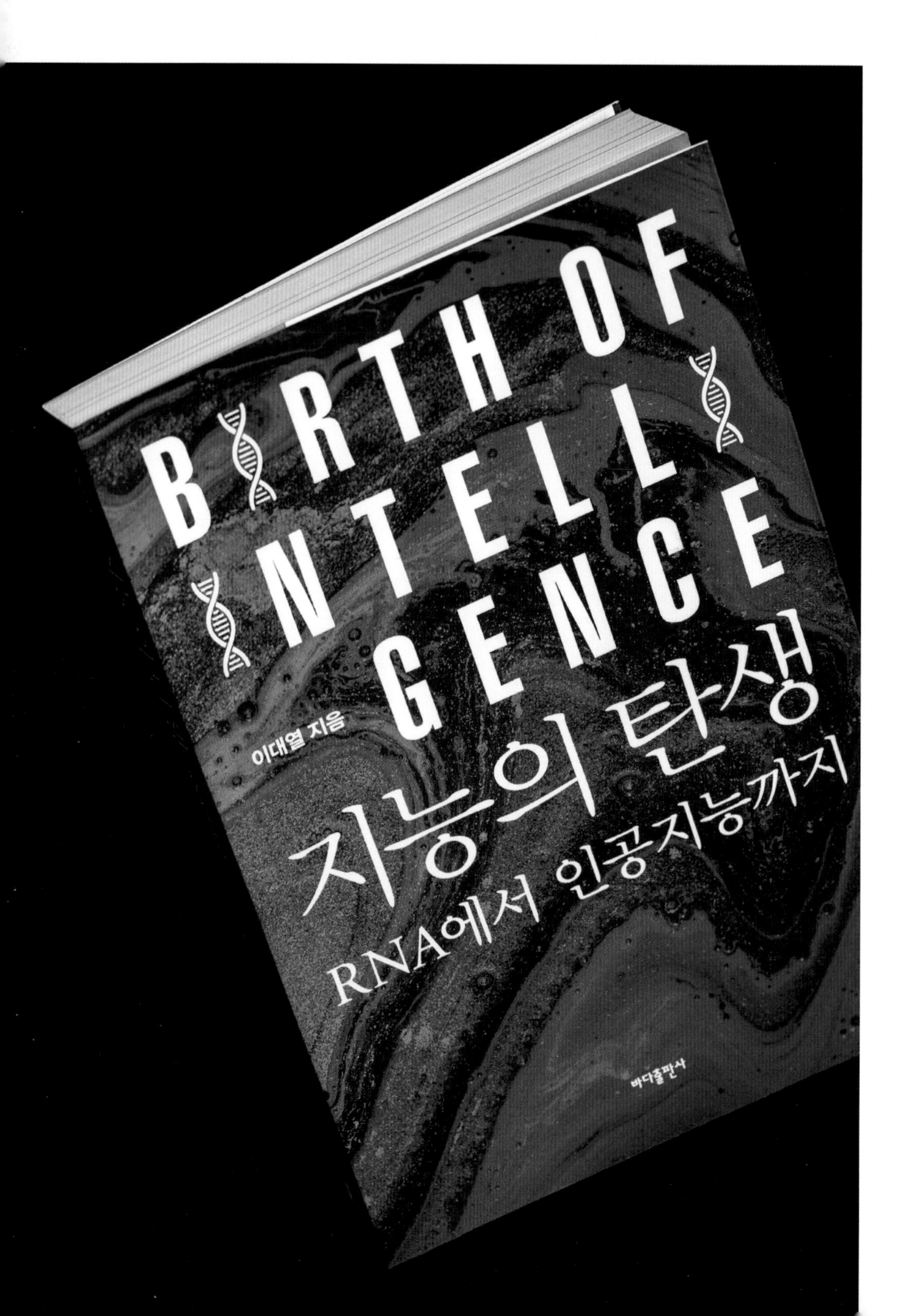

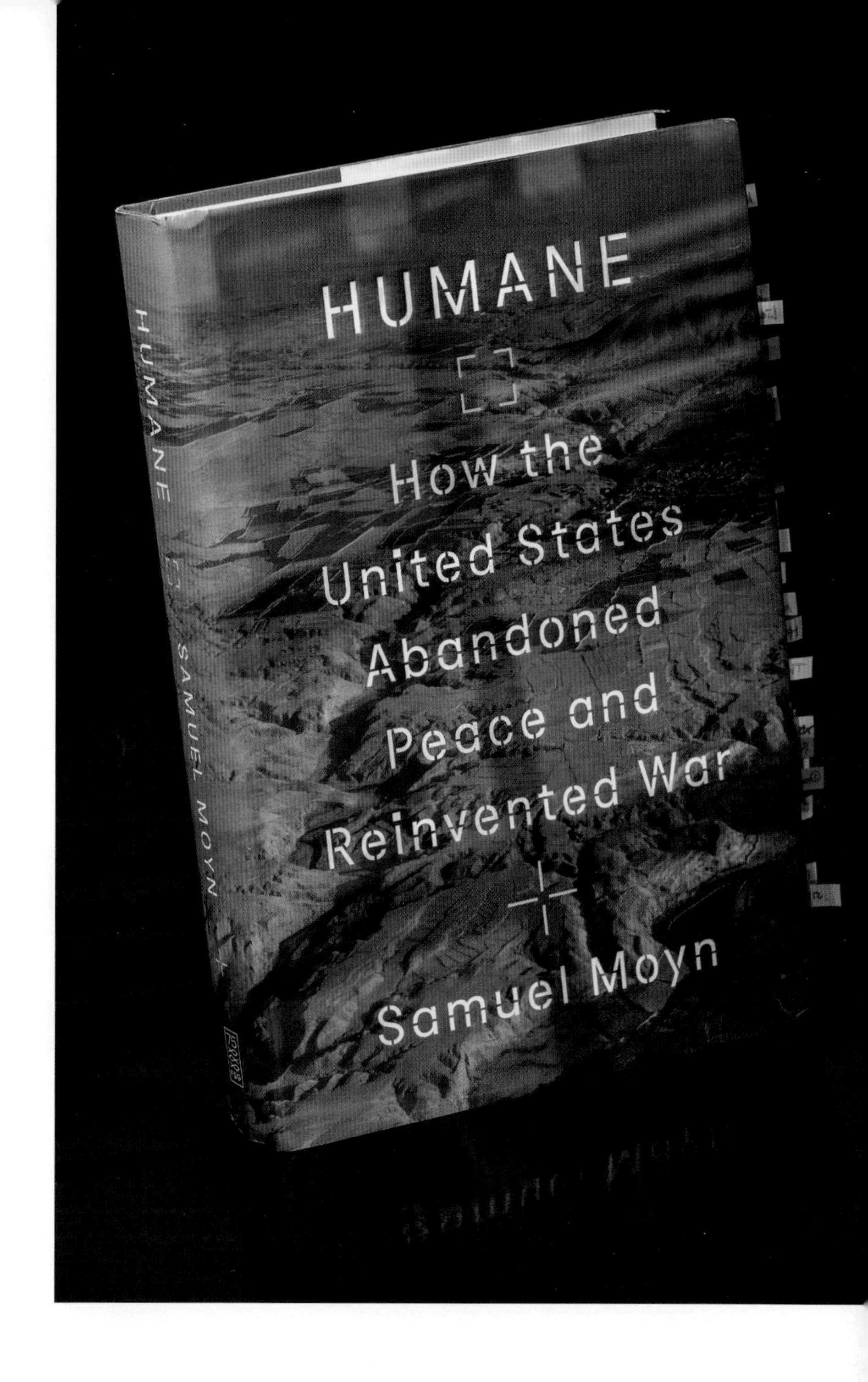

"그의 저작을 관통하는 문제의식은 진보 진영의
윤리적 안일함과 상상력의 빈곤이다."

▼ 125쪽, 송지우 「인도주의는 평화를 가로막는가」

“좋은 불평등도 있을까?”

▼ 129쪽, 김두얼 「우회 말고 정공을 기대한다」

"기후재난과 핵전쟁의 위험이 편재하는 시대, 일상 속 사람들이 일하다, 타다, 걷다, 서 있다, 숨 쉬다 별안간 참사를 맞는 시대에 연구자의 소명이란 무엇일까?"

▼ 158쪽, 조문영 「다른 세계를 디자인하고 선언하는 인류학자」

“서로 관련이 없을 것 같은 다양한 학문들은
유체역학이라는 하나의 줄기 속에서
마치 잘 짜인 태피스트리처럼 얽히면서 하나의
패턴을 만들어 낸다.”

◀ 165쪽, 권석준 「만물유전」

“600만 학생과 1,000만 학부모가 가진
기대와 문제를 단순화해 실행하라는 것은
지나친 일반화의 오류가 아닐까?”

▼ 182쪽, 박대권 「공부법과 교육의 다른 점」

차례

디자인 리뷰

BOOK & MAKER: 출판의 낭만과 일상

문학

일러두기

1. 《서울리뷰오브북스》에 수록된 서평은 직접 구매한 도서로 작성하는 것을 원칙으로 합니다.
2. 《서울리뷰오브북스》에서 다루기 위해 선정된 도서와 필자 사이에 이해 충돌이 발생하는 경우, 주석에서 이를 밝히는 것을 원칙으로 합니다.
3. 단행본, 소설집, 시집, 논문집은 겹낫표 『 』, 신문 및 잡지는 겹화살괄호 《 》, 단편소설, 논문,신문기사 제목은 홑낫표 「 」, 영화, 음악, 팟캐스트, 미술작품은 홑화살괄호 〈 〉로 묶어 표기했습니다.
4. 아직 한국에 번역 출간되지 않은 도서를 다룰 경우에는 한국어로 번역한 가제와 원서 제목을 병기했습니다.

포커스 리뷰
스몰 북, 빅 이슈

서울리뷰오브북스
Seoul Review of Books

『공산당 선언(*Manifest der Kommunistischen Partei*)』
카를 마르크스·프리드리히 엥겔스 지음, 이진우 옮김, 책세상, 2002

왜 21세기에 『공산당 선언』을 읽는가?

김만권

'유령'이 사라진 시대에 만나는 『공산당 선언』?

> 만국의 노동자들이여, 단결하라!

『공산당 선언』의 마지막 구절이다. 이를 두고 누군가는 냉소할지도 모르겠다. '언제 전 세계의 노동자들이 힘을 모은 적이 있었단 말인가?!' 그런데 역사는 말한다. "그런 적이 있었다!" 우리 일상에 자리 잡은 하루 8시간 노동이야말로 그 생생한 증거다.

우리가 '메이데이'라고 부르는 노동절은 '8시간 노동'과 분리될 수 없다. 1886년 5월 1일, 낮은 임금과 열악한 노동환경에다 너무 긴 노동시간에 시달리던 미국의 노동자들이 '8시간 노동'을 내세우며 시위에 들어갔다. 이틀 뒤 시카고에서는 20만이 넘는 노동자들이 경찰의 가혹한 진압에

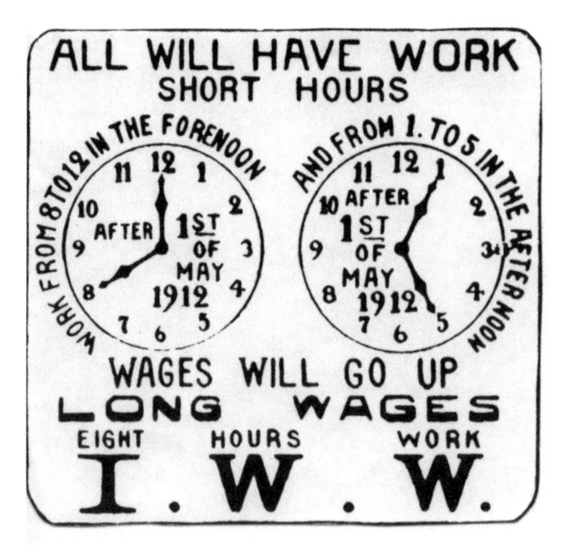

1912년 세계노동자연맹의 8시간 노동제 캠페인 포스터.(출처: 위키피디아)

피를 흘려야 했다.

1889년 파리에서 제2 인터내셔널 창립대회가 열렸다. 이 자리에 모인 노동자 대표들은 미국에서 벌어진 투쟁에 호응했다. '기계를 멈추자! 노동시간 단축 투쟁을 조직하자! 만국의 노동자가 단결해 노동자 권리 쟁취를 위해 동맹파업하자!' 이런 결의를 다음해 5월 1일부터 실행에 옮기기로 했다. 메이데이의 시작이다. 돌아보면 8시간 노동은 1866년 제1 인터내셔널이 제네바 회의에서부터 이미 요구한 것이었다.

이를 지켜본 프리드리히 엥겔스는 『공산당 선언』의 '1890년 독일어판 서문'에 이렇게 쓴다. "오늘날 벌어지는 광경을 보면 자본가들과 지주들은 만국의 프롤레타리아들이 실제로 단결을 이루었다는 사실에 눈뜨게 될 것이다." 그러고는 몇 년 전 세상을 떠난 친구를 떠올리며 아쉬운 듯 덧붙인다. "마르크스가 내 곁에 서서 자신의 눈으로 이를 볼 수 있다면!"(108쪽)

물론 8시간 노동이 국제적인 보편규범이 된 것은 1919년 국제노동기구가 제1호 협약으로 노동시간을 제한하면서부터다. 하지만 국제노동기구가 설립된 이면에는 1917년 러시아혁명 이후 전 세계에 불었던 공산주의 열풍이 있었다. 『공산당 선언』의 첫 구절, "하나의 유령이 유럽을 떠돌고 있다"에서 언급한 바로 그 유령, "공산주의라는 유령이" 세계를 사로잡았던 것이다.(15쪽)

그로부터 100여 년이 지났다. 20세기 자본주의를 두려움에 떨게 한 '유령'은 사라졌다. 이 '유령'의 존재감으로 지난 세기를 평가한다면, 20세기는 소비에트연방의 종말과 함께 끝이 났다. 이와 함께 '프롤레타리아트의 나라'라는 신념은 '실현 가능한 현실'에서 '실패한 유토피아'가 되었다. 그렇다면, 이 실패한 유토피아를 부추긴 『공산당 선언』은 마땅히 함께 폐기되어야 할 문서가 아닐까? 유령이 사라진 시대에 『공산당 선언』이 도대체 어떤 의미란 말인가?

'유령'의 족쇄에서 풀려난 21세기 자본주의

『공산당 선언』은 1848년에 마르크스와 엥겔스가 작성한 '공산주의자 동맹(the communist league)'의 강령이다. '프롤레타리아트 혁명'을 선언한 이 강령은, 이윤 추구에만 집중하는 자본주의 합리성이 생산수단을 독점하는 부르주아와 임금노동만을 제공할 수 있는 프롤레타리아 간의 계급갈등을 낳고 있다고, 이를 해결할 수 있는 길은 사적 소유의 폐지밖에 없다고, 이를 위해 '폭력적 전복'도 불사할 수밖에 없다고 주장한다. 무엇보다 공산주의자들은 이런 "그들의 견해와 의도를 숨기기를 거부한다"라고 공표했다.(59쪽)

이에 더해 『공산당 선언』은 자본주의가 성숙하면 필연적으로 프롤레타리아트 혁명이 도래하리라 예측했다. 자본주의 아래 산업화가 진행될수록 더 많은 노동자가 필요해질 뿐만 아니라, 생산비용을 낮추기 위한 부르주아들 간의 경쟁이 격화되는 가운데 노동자들이 더 많은 노동과 더 낮은 임금에 시달리기 때문이다. 이들이 억압에서 벗어나는 길은 단 하나, 기존의 소유구조를 전복하는 것이다. 그러므로 자본주의의 성숙은 공산주의 도래의 중요한 조건이다.

물론 모두가 알다시피 『공산당 선언』이 내세운, '자본주의의 성숙이 프롤레타리아트 혁명으로 이어질 것'이라는 전망은 실현되지 않았다. '폭력적 전복'으로서 공산주의 혁명은 자본주의가 제대로 자리 잡지 않은 러시아에서 일어났다. 오히려 발전된 자본주의는 민주정체와 결합하며 계급 갈등을 정당정치의 경쟁 구도 속에 정착시켜 제도적으로 해결하는 길을 모색했다. 또한 복지국가도 수용하며 노동자의 '건강 유지'와 '실업' 및 '은퇴'에 대비하는 사회안전망을 구축했다. 당연히 유령의 존재는 이런 자본주의의 행보에 지대한 영향을 미쳤다.

그럼에도 20세기 근대 세계에 공산주의가 미친 영향은 지대했다. 많은 이들이 산업혁명이 만든 근대화의 종착점을 자본주의라 여겼을 때, 또 다른 종착점이 있음을 현실적으로 보여 주었기 때문이다. 그래서일까? 1991년 소비에트연방의 몰락은 자본주의와는 다른 세계를 바라던 이들에게는 매우 당혹스러운 순간이었다. 반대로 자본주의는 의기양양하게 자본주의 다음의 세계는 없다며 '역사의 종말'*을 선언했다.

한편 '역사의 종말' 선언은 이제 자본주의가 '유령'의 족쇄에서 완전히

---

* Francis Fukuyama, *The End of History and the Last Man*(New York: Free Press, 1991). 냉전시대의 종말을 지켜보며 후쿠야마는 인간이 만든 정부의 최종적 형태로서 자유민주주의의 보편화가 이루어졌으며 이것이야말로 인류 이데올로기 진화의 종말점이라고 말한다.

풀려났음을 공표한 것이기도 했다. 1970년대부터 이미 시작된 프로젝트 이긴 했지만, 지구를 하나의 시장으로 묶는 지구적 시장(global market) 체제가 소비에트연방 몰락 이후 본격적으로 가동되기 시작했다. 유령의 족쇄에서 풀려난 자본은 '다국적 자본'에서 '초국적 자본'으로, 이제 '지구적 자본'으로 성장했다.

이뿐만 아니라 국가는 자본의 요구에 따라 노동자들을 위해 지어 놓았던 사회안전망을 낮추거나 해체하기 시작했다. 영국 신노동당의 토니 블레어 사례에서 볼 수 있듯이, 복지국가의 좌파들이 소위 '제3의 길'을 걷겠다고 자처하고 나섰을 뿐 아니라, 심지어 능력주의를 찬양하는 지경에 이르렀다. 하나의 시장으로 통합된 자본주의 세계에서 사회와 국가는 뒤로 남겨진 자들 대신 그 어느 때보다 앞서 나가는 자에 주목하고 이들을 우선으로 보호하고 있다.

디지털 시대, 지구적 시장에서 읽는 『공산당 선언』

『공산당 선언』은 1848년에 작성된 강령이다. 제대로 된 실천강령이 그래야 하듯 『공산당 선언』은 1848년까지의 자본주의 현실에 기초했다. '1872년 독일어판 서문'에서 마르크스와 엥겔스는 25년 사이에 "이 강령이 부분적으로 낡은 것"(92쪽)이 되었다고 인정한다. 특히 이 선언의 3절과 4절은 이미 낡아 버렸다고 말이다. 그럼에도 수정하지 않은 이유를 『공산당 선언』이 강령일 뿐만 아니라 "역사적 기록"(92쪽)이기 때문이라고 명백히 밝혀 놓고 있다.

이렇게 본다면 『공산당 선언』이 '오늘날에도 여전히 유효한가?'라는 질문은 적절하지 않다. 특히 '프롤레타리아트 혁명'과 같은 예언적 처방에 초점을 두며 『공산당 선언』을 읽는 것은 더욱 부적절하다. 개인적으로 역사는 필연적 인과관계에서 움직이는 것이 아니라 '러시아혁명'같이 우연한 사건의 연속이며, 정치는 더욱 우연한 사건들이 만드는 세계라고 믿기에 '필연적으로 도래할 세계'에 초점을 두고 싶지도 않다. 하나의 예측이 집단의 이데올로기가 되면 거부할 수 없는 예언이 된다는 점에서도 더욱 그렇다.

이런 점에서 『공산당 선언』에서 주목하고 싶은 부분은 '자본주의가 작동하는 방식과 그로 인한 인간의 관계'이다. 『공산당 선언』에 따르면 1848년에 이미 "부르주아지는 세계 시장을 착취함으로써 모든 국가의 생산과 소비를 범세계적으로 조직했다."(20쪽) 어쩌면 두 차례의 세계대전, 이어진 냉전시대와 복지국가의 성장이 이런 범세계적 조직화를 조금은 느슨하게 만들었을지도 모른다. 명백한 것은 현재 우리가 서 있는, 자본주의가 세계의 구석구석까지 모두 장악한 지구적 시장이야말로 『공산당 선언』이 적시하고 있는 자본주의가 작동하고 있는 장이라는 점이다.

지구적 시장에서 자본은 생산을 위해 하나의 영토에 머무르지 않는다. 값싼 노동을 자신의 영토 내에서 구하지도 않는다. 그러다 보니 발전된 자본주의에 사는 비숙련 임금노동자는 그렇지 않은 영토에 거주하는 값싼 임금노동자에게 일자리를 내어 준다. 이로 인해 상당수 비숙련 노동자들이 장기실업을 겪게 되며 빈자들로 전락하곤 한다. 대신 영토 밖 저임금 노동자들이 생산한 상품을 자신이 생산한 상품보다 값싼 가격에 쓸 수 있다는, 자본주의 논리에 위로 아닌 위로를 받는다.

물론 150여 년이 지나는 동안 이윤을 추구하는 자본의 모습은 변해 왔다. 특히 디지털 기술의 발전은 1848년에는 도저히 예측할 수 없었던 변화를 만들어 내고 있다. 예를 들어 새롭게 등장하는 디지털 플랫폼 자본은 생산수단을 소유하지 않는다. 세계 최대 규모의 택시 회사인 우버는 택시

옥스팜에서 발간한 「2022 세계 불평등 보고서」에 따르면 팬데믹으로 인해 전 세계 99%의 소득은 줄었으나 세계 10대 부자의 부는 두 배로 불어, 경제적 불평등이 심화되었다.(출처: 123rf)

를 소유하지 않는다. 생산수단의 소유를 노동자에게 떠넘긴 구조다. 한편 세계 최대 규모의 미디어 업체인 페이스북(메타)에는 콘텐츠를 생산하는 이가 없다. 생산수단의 소유뿐만 아니라 콘텐츠 생산 자체를 소비자에게 떠넘긴 경우다. 디지털 자본은 생산수단의 소유 없이 노동이 필요한 사람과 제공하는 사람을 연결하는 중개업만으로도 막대한 이윤을 얻고 있다.

자본의 모습이 변하고 있으니 노동의 모습도 당연히 변하고 있다. 디지털 시대의 플랫폼 노동자들의 법적 지위는 대개 '독립사업자'이다. 쉬운 말로 '사장님'이다. 그래서 플랫폼에서 노동을 제공하는 사람들의 법적 명칭은 '노동자'가 아니라 '종사자'다. '종사자'가 되면 일하기 위해 생산수단은 소유해야 하지만 법적으로 노동권과 사회보험을 가질 수 없다. 또한 많은 플랫폼 노동자들이 청소, 배달, 심부름, 운전과 같은 컨시어지 직종에 종사하거나 데이터 라벨링과 같은 단순 온라인 작업을 하고 있는 탓에 충분한 임금을 보전받지 못하고 있는 실정이다.

실제 너무 빠른 기술의 발전 속도와 네트워크 효과가 만드는 독과점 등 디지털 기술에 내재된 양극화 분배 속성은 지구적 시장에 참여하는 개인들 간에 극심한 격차를 그 어느 때보다 부추기고 있다.* 세계 불평등 연구소(World Inequality Lab)가 발간한 「세계 불평등 보고서 2022」에 따르면, 1980년에서 2020년 사이 국가 내부 상위 10%와 하위 50%의 소득격차는 평균 8.5배에서 15배로 늘어났다.

『공산당 선언』이 21세기에도 가치 있는 이유

디지털 시대, 지구적 시장에서 작동하는 자본주의는 20세기보다는 오히려 『공산당 선언』이 나온 19세기와 더 유사해 보인다. 디지털 자본의 성장 속에서 보호망을 잃고 있는 플랫폼 노동자들의 현실을 보면, 낮은 임금에 아무런 보호망도 없이 장시간 노동에 시달리던 19세기 노동자들과 닮아 있다는 생각마저 든다. 21세기에 읽어도 『공산당 선언』이 전혀 어색하지 않은 건 이 때문일까?

유사한 맥락에서 21세기 자본주의가 만드는 인간의 관계는 19세기와 그다지 다르지 않다. 『공산당 선언』은 부르주아들이 만드는 불안정한 세계에 대해 언급하며 이렇게 표현한다. "견고한 모든 것은 공기 속으로 녹

---

* 디지털 기술은 인류가 만든 기술 중 가장 빠른 속도로 발전하고 있다. 기술이 빠른 속도로 발전한다는 것은 시간이 지날수록 그 기술의 발전을 따라잡는 사람이 적어진다는 의미다. 분배 차원에서 보면 점점 소수에게 분배가 집중된다는 의미다. 한편 대체로 플랫폼 형식으로 상용화되는 디지털 기술은 소위 네트워크 효과라고 부르는, 이용자의 수가 많으면 많을수록 잘 작동하는 규모의 경제를 만든다. 이 때문에 각 분야에서 독과점이 이루어지는데, 예를 들어 검색 분야에서는 구글이, SNS에서는 페이스북 등이 지구적 차원에서 독과점적 지위를 차지하고 있다.

아들고, 신성한 모든 것은 불경하게 되었다. 마침내 인간은 냉철하게 자신의 현실적 삶의 조건, 그리고 같은 인간의 관계를 강제로 직면하게 되었다."* 그렇다면 1848년 자본주의 속에 살아가는 인간들이 직면한 현실적 인간관계란 어떤 것이었을까? 당시 자본주의의 모습은 "인간과 인간 사이에 적나라한 이해관계, 무정한 '현금 지불' 외에 다른 어떤 끈도 남아 있지 않았다."(18쪽)

마르크스가 1844년에 쓴『경제학 철학 수고(*Ökonomisch-philosophische Manuskripte aus dem Jahre 1844*)』에 실린 '교환의 정의'에 따르면, "인간이 인간답게 되는 것, 그리고 세계에 대한 인간의 관계가 진정으로 인간적인 관계가 되는 것"은 "사랑은 사랑으로", "신의는 신의로 교환될" 때이다.**

하지만 자본주의가 남겨 놓은 관계는 "무정한 현금 지불"뿐이다. 마이클 샌델의『돈으로 살 수 없는 것들(*What Money Can't Buy*)』(2012)은 역설적으로 21세기 자본주의에서도 마찬가지인 인간의 관계를 보여 준다.

문제는 이 비인간적 관계를 타파할,『공산당 선언』이 "부르주아지와 대립하는 모든 계급 가운데 오직 이 계급만이 진정으로 혁명적이다"(29쪽)라고 지칭했던 프롤레타리아 계급이 쇠퇴하고 있다는 것이다. 산업사회에서 수적으로 다수를 차지했던 이 계급은 혁명을 수행하지 못한 채, 기술사회·

---

* 『공산당 선언』의 1절에 나오는 대목으로, 이 서평이 사용한 우리말 번역본과 그 구체적 표현에서 상이하다. 이진우는 이 대목을 "굳고 녹슨 모든 관계 그리고 그 산물인 오래되고 신성한 관념들과 견해들은 해체되었고 새롭게 형성된 것은 굳기도 전에 낡은 것이 되어 버린다. 신분적이고 정체된 것은 모두 증발하고 신성한 것은 모두 모독당하며, 그래서 사람들은 마침내 자신들의 사회적 지위, 상호 관계를 좀 더 냉철한 눈으로 바로 보지 않을 수 없게 되었다"라고 의역해 놓았다. 이 번역이 잘못되었다기보다는 원래 문장에 충실해 옮기는 것이 더 낫다고 판단하여『공산당 선언』의 독일어판과 (1888년 사무엘 무어(Samuel Moore)가 엥겔스와 작업한) 영문판을 함께 참조해 위와 같이 옮겼다.

** Karl Marx, *Economic and Philosophic Manuscripts of 1844*, trans. Martin Milligan, in The Marx-Engles Readersr(New York: W. W. Norton and Company, 1972), p. 105.

디지털 기술이 발전하면서 플랫폼 노동자, 프리랜서, 특수고용노동자 등 노동의 형태가 다양해지고 있으며, 이전과는 또 다른 여러 문제를 낳고 있다.(출처: 위키피디아)

지식사회·고학력사회로 대표되는 탈산업사회로 들어서고 말았다. 덕분에 이 계급의 수마저 줄어들고 있는 것이 현실이다. 탈산업사회로 진입한 자본주의 국가에서는 부와 소득의 양극화가 진행되고 있음에도 소위 "최저 생계비보다 더 많이 얻지도 않고 더 적게 얻지도 않"아서 혁명이 너무나 절실한 노동자는 많지 않다.(66쪽)

임금노동자 역시 같은 노동자가 아니다. 정규직 노동자와 비정규직 노동자의 이해관계가 다르고, 대기업 정규직 노동자와 중소기업 정규직 노동자의 처지가 다르다. 고소득 프리랜서부터 시간당 최저임금을 받고 일하는 비정규직 노동자의 처지가 같은 것도 아니다. 더럽고, 어렵고, 위험한 일을 기피하는 탈산업사회 국가의 노동자들과 그 일을 떠맡아 대신 수행하는 이주노동자들의 상호관계가 호의적인 것도 아니다. 21세기 능력주의와 결합한 자본주의가 지어 놓은 계층적 임금노동 질서 아래 분열된 노동은 각자의 이해관계를 좀처럼 벗어나지 못하고 있다. 그렇다면 우리는 혁명의 주체를 상실해 버린 것일까? 이제 혁명의 주체는 누구여야만 할까?

『공산당 선언』에서 우리가 배울 수 있는 중요한 요점 하나는, 마르크스와 엥겔스가 수차례 강조하듯 모든 현실적 처방은 변화하는 시대에 맞춰 이뤄져야 한다는 것이다. 『공산당 선언』이 19세기에 맞춰 호명한 프롤레타리아들은 적어도 19세기 초부터 염원했던 '8시간 노동'이라는 성과를 이루어 냈다. 그뿐만 아니라 강제노동, 유아노동 등을 포함해 국제노동기구에서 채택된 규제협약들은 『공산당 선언』이 호명한 노동자들이 이루어 낸 명백한 성과라고 할 수 있다.

그렇다면 변해 가는 21세기 자본주의에서, 우리는 누구를 호명할 것인가? 계급의 정치 위에 차이의 정치, 기후와 생태 및 환경의 정치가 가세한 지금, 여전히 프롤레타리아트만을 변화의 주체로 호명하는 일은 바람직한 것일까? 단도직입적으로 말해, 계급의 정치는 '젠더'와 같은 정체성의 정치를 환영할 준비가 되어 있는가? 기후와 환경을 위해 성장에서 탈피해 기계에 덜 의존하는 노동을 할 준비가 되어 있는가? 노동하는 인간이 파괴해 온 지구와 자연에 인간과 동등한 자격을 부여할 준비가 되어 있는가? 더 나아가 노동하는 자만이 자격이 있다고 믿는, 노동 중심적 발상에서 탈피할 준비가 되어 있는가? 그리하여 계급의 정치는 21세기에 어울리는 새로운 선언문을 쓸 준비가 되어 있는가?

다행히 내가 지켜보고 있는 계급의 정치는 '무정한 현금 지불'의 논리에서 벗어나 이 모든 질문 앞에 '그렇다'라고 답하는 듯하다. 『공산당 선언』이 꿈꾸었던 유토피아는 노동자들이 지배하는 세상이 아니라 누구도 타인을 지배하지 않기 위해, "계급으로서 자기 자신의 지배까지 폐지"하는 세상이었다.(44쪽) 『공산당 선언』에서 21세기에도 변치 않는 목표가 있다면, 그것은 노동자로서 우리 몫을 찾는 것이 아니라 모든 인간적인 관계를 회복하는 것이다. 이것이야말로 『공산당 선언』이 21세기에도 여전히 가치 있는 이유다.

김만권
현재 경희대학교 비교문화연구소 학술연구교수로 일하고 있다. 참여연대 부설 참여사회연구소의 소장이기도 하다. 『새로운 가난이 온다』, 『열심히 일하지 않아도 괜찮아!』를 포함해 10여 권의 책을 썼고, 『인민』, 『민주주의는 거리에 있다』 등을 우리말로 옮겼다. 「'유토피아적 기획'으로서 '생애주기자본금'」 등의 논문도 썼다.

『코로나, 기후, 오래된 비상사태: 21세기 생태사회주의론』 안드레아스 말름 지음, 우석영·장석준 옮김, 마농지, 2021.

자본주의가 만들어 낸 환경위기와 불평등의 문제를 해결할 방법으로 생태사회주의의 이행 전략을 제시한 안드레아스 말름의 저작이다. 21세기 계급의 정치가 지속적 문제로서 불평등과, 새롭게 찾아온 문제로서 기후 문제를 어떻게 수용하고 있는지 볼 수 있다.

"코로나 위기가 정말로 중요한 무언가가 된다면, 아도르노가 말했듯 '인간이 자기 고유의 자연성을 자각하고 자연에 대한 자기 고유의 지배를 중지하는' 순간을 맞을 때 그러할 것이다. 여기서 열쇳말은 '자각한다(concious)'는 것이다. 더 정확히 말해서, 지축을 뒤흔드는 수준의 이번 인수공통감염병 확산 사태 속에서 분명히 해야 하는 것은, 기생 자본에 맞서 야생의 자연을 보호하는 행동이 이제는 인간의 자기방어 행동이라는 사실이다. 하지만 이러한 자기방어를 자각적인 행동으로 발전시키는 과업은 전적으로 인간의 몫일 것이다." — 책 속에서

『트랜스젠더 차별과 해방』 로라 마일스·양효영·샐리 캠벨 지음, 정진희 엮음, 책갈피, 2018

마르크스주의자이자 노동조합 활동가이며 트랜스젠더 여성인 로라 마일스를 비롯한 저자들을 통해 사회주의자들이 어떻게 소수자 정치와 함께 하는지 볼 수 있다.

"동성애 혐오, 트랜스젠더 혐오, 여성 차별은 어디서 일어나든 노동계급이 사용자와 지배계급에 제대로 맞서 싸울 잠재력을 약화시킨다. 우리 편(노동계급)의 분열은 모든 사람의 삶과 사랑을 뒤틀어 버리는 체제에 맞서는 투쟁을 약화시킨다. 다가올 시기에 사회주의자가 전력투구해야 할 과제가 두 가지 있다. 하나는 행동에서 단결을 도모하는 것이고, 다른 하나는 트랜스젠더 혐오를 비롯한 다종다양한 억압의 물질적 근원을 정치적으로 선명하게 제시하는 것이다." — 책 속에서

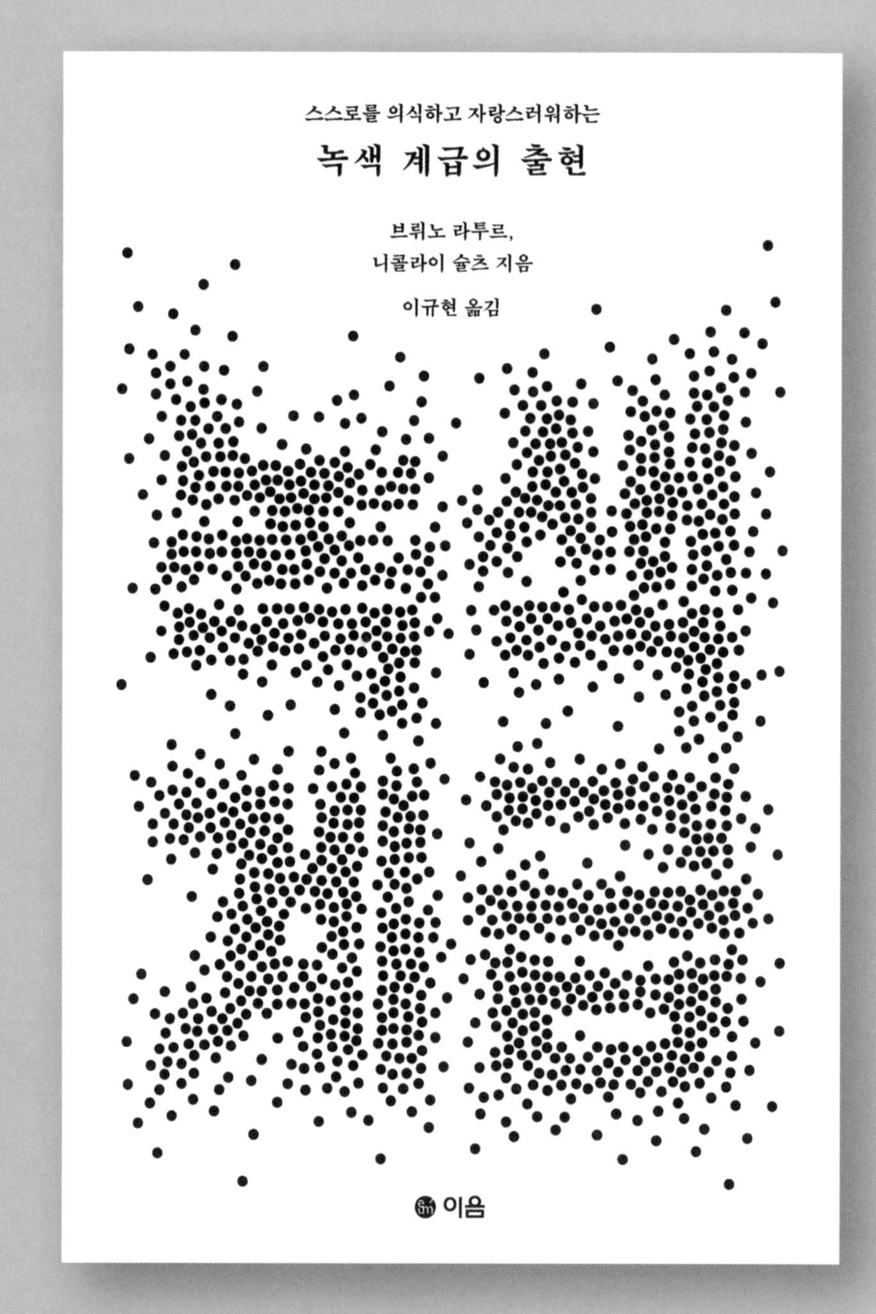

『녹색 계급의 출현』
브뤼노 라투르·니콜라이 슐츠 지음, 이규현 옮김, 이음, 2022

전 지구적 기후위기와 녹색 계급

홍성욱

『녹색 계급의 출현』은 프랑스 과학기술학자이자 철학자인 브뤼노 라투르(Bruno Latour)와 그의 대학원생 니콜라이 슐츠(Nikolaj Schultz)의 공동 저서이다. 슐츠는 몇 년 전부터 라투르와 함께 대담이나 인터뷰를 진행했고, 지금은 기후위기 시기의 계급 문제에 대해서 박사논문을 쓰고 있다. 라투르는 2016년경부터 이 책에 나온 아이디어를 논문, 기고문, 인터뷰를 통해 선보이곤 했다. 책에는 두 저자의 생각이 융합되었겠지만, 내가 판단하기에 그 골격은 라투르의 것이다. 책은 2022년 초에 프랑스에서 출판되었고 내년 초에 영어판이 출간될 예정인데, 안타깝게도 올해 10월에 라투르가 췌장암으로 유명을 달리했다. 『녹색 계급의 출현』*이 그의 유작이 된 셈

* 한글 번역본에는 라투르와 슐츠의 책의 번역 외에도 김환석, 이현정, 김지윤, 김홍중의 글이

이다. 그런 이유로 이 서평에서는 라투르의 사상과 세계관을 먼저 살펴보고, 그 뒤에 책에 대해서 논해 보려고 한다.

브뤼노 라투르와 행위자 네트워크 이론

라투르는 1979년에 동료 스티브 울거와 함께 쓴 『실험실 생활(*The Laboratory Life*)』로 화려하게 데뷔했다. 미국 캘리포니아에 위치한 소크 연구소에서 수행한 2년 가까운 참여관찰을 기반으로 쓴 이 책은 소크 연구소에 노벨상을 안겨 준 TRF라는 호르몬 조절 인자의 발견 사례를 상세히 분석하면서, TRF가 발견된 것이 아니라 구성된 것이라고 주장했다. 라투르의 이런 주장은 과학의 실재성이나 객관성을 강조하던 과학자나 과학철학자에 의해 얼토당토않다고 평가되었고, 그는 반실재론자로 낙인찍혔다. 그렇지만 그는 반실재론이 아니라, TRF라는 존재가 실험실에서 인간과 관계를 맺음으로써 비로소 물(thing)이 되었다고 보는 관계적 실재론을 주창한 것이었다.

그가 평생 인간과 비인간(nonhuman)의 대칭성과 인간만이 아니라 비인간도 행위성을 가지고 있다고 주장한 것도 같은 맥락에서 이해할 수 있다. 사회과학자들이 사회라고 부르는 것에도 인간과 관계를 맺는 비인간들이 북적거린다. 자연도 인간과 인간이 동원하는 비인간에 의해서 끊임없이 변형된다. 이렇게 보면 자연과 사회를, 과학과 정치를 구분하는 것이 무의미해진다. 과학에는 정치가 스며들고 정치는 과학에 의해 복잡해지기 때

첨가되어 있다. 녹색 계급에 대한 논의가 한국 사회와 어떤 접합점을 가질 수 있는지를 고민해서 담으려고 했던 시도로 보인다. 이 국내 필자들의 글을 함께 논의해도 흥미롭겠지만, 라투르의 철학 사상에 초점을 맞춘 이번 서평에서는 라투르와 슐츠의 원문만을 서평의 대상으로 삼았다.

문이다. 생명체와 비생명체의 경계도 흐려지는데, 인간이라는 생명체의 몸 안에만 해도 수조 개의 바이러스들이 있으며, 지구의 대기와 지표면은 생명체에 의해서 생명이 살기 좋은 상태로 변형되어 지금에 이르렀다.

1970년대에 제임스 러브록(James Lovelock)이 지구를 유기체와 무기물이 사이버네틱 피드백으로 연결된 시스템이라고 주장하면서, 이런 지구를 가이아(Gaia)라고 명명했다. 라투르는 가이아에 대한 새로운 이해에 근거해서 지구가 겪고 있는 위기를 파악하고 이에 대처하기 위한 철학적·과학기술학적 분석을 시도했다. 이 과정에서 그가 제시한 핵심적인 개념은 '신기후체제(New Climatic Regime)'와 '임계 영역(Critical Zone)'이다. 신기후체제는 기후위기의 심화라는 현상과 이를 부정하면서 전 지구적인 협력 체제를 거부하는 트럼프식의 포퓰리즘을 단일한 틀로 이해하는 개념이다. 임계 영역은 지구 표면에서 암석, 흙, 나무, 대기로 구성된, 수 킬로미터에 해당하는 지구의 표피라고 할 수 있는 영역이다. 이곳에서는 인간을 포함한 모든 생명체가 상호작용하면서, 또 생명체와 지구를 구성하는 무기물이 상호작용하면서 요동친다. 문명과 생명이 이어져야 하는 지구는 구(globe)가 아닌 임계 영역이라는 얇디얇은 층이다.

산업혁명 이후에 인간의 산업활동이 망가뜨려 왔고, 현재 온실가스의 증가로 인해 전 지구적인 위기를 낳고 있는 공간도 바로 이 임계 영역이다. 임계 영역에 사는 우리 인간은 더 많은 에너지를 쓰고, 더 큰 도시를 건설하고, 더 생산하고 더 소비하고, 온실가스를 더 배출하면서 살고 있지만, 임계 영역은 급속하게 죽어 가고 있다. 멸종의 속도와 지구온난화의 속도는 선례가 없을 정도로 급격하다. 이 위기를 극복하기 위한 주체가 '녹색 계급'이다.

기후위기는 전쟁이다

그런데 왜 계급인가? 계급은 마르크스가 자본주의 사회를 분석하고 전복하기 위해서 제시했던, 정치적이고 사회주의적인 개념 아니었나? 계급은 잉여 가치, 착취, 소외, 계급 의식, 계급 투쟁, 헤게모니(hegemony), 혁명, 전복 같은 개념과 짝을 이루는 것이 아닌가? 마르크스는 생산양식 속에서 생산수단을 독점한 자본가 계급과 노동력을 팔 수밖에 없는 프롤레타리아 계급이라는 두 계급의 존재를 설파했지만, 사회학자 막스 베버는 100년도 더 이전에 세상에는 이 두 계급 외에 프티부르주아 계급과 전문가(인텔리겐치아) 계급이 존재한다고 주장하면서, 계층(혹은 계층화)이라는 개념을 제시했다. 마르크스를 계승한 포스트 마르크스주의자들조차도 1980년대에 계급의 사망을 선고하면서, 계급 대신 다양한 사회 계층, 젠더, 세대, 사회그룹 등에 주목했다. 노동운동의 취지에 공감하는 사람도 민주노총의 파업을 계급 투쟁이라고 부르지는 않는다. 그런데 21세기에 계급이라니!

이 문제를 분석하기 위해서 우선 라투르와 슐츠가 지금의 위기를 어떻게 보고 있는가를 따라가 볼 필요가 있다. 기후과학이 예측하는 미래 지구의 온도에 불확실성이 없지 않지만, IPCC(기후변화에 관한 정부 간 패널) 같은 권위 있는 과학자 단체가 제시한 시나리오에 따르면 인류가 지금처럼 살 경우에 몇십 년 내에 돌이킬 수 없는 심각한 위기가 오는 것이 분명하다. 지구의 기온은 산업혁명 대비 섭씨 3도 이상 올라가고, 육지와 바다의 생물 다양성은 파괴되고, 그 결과 농업과 수산업의 상당 부분도 피해를 보고, 식량이 절대적으로 부족해지고, 폭염과 산불이 일상적인 것이 되며, 해수면은 상승하고, 내륙의 빙하가 녹으면서 식수난이 가속화될 것이다. 지금 각국은 SDGs(Sustainable Development Goals)다, ESG(Environment, Social, Governance)다, 탄소중립이다 하면서 이런 위기에 대응하고 있지만, 그럼

2015년 3월, 프랑스에서 인류세 관련 강연을 하고 있는 브뤼노 라투르.(출처: 위키피디아)

에도 온실가스의 배출은 (팬데믹 첫해인 2020년을 제외하고는) 증가세를 멈추지 않고 있으며, 지구의 온도는 계속 오르고 있다.

이런 미래 예측이 어느 정도 옳다면 지금의 인류 전체는 생존인가 멸종인가라는 기로에 서 있고, 역사학자 디페쉬 차크라바티(Dipesh Chakrabarty)가 마지못해 인정했듯이 지금 우리가 고민하는 여러 가지 문제들, 예를 들면 평등, 공정, 인권, 분배, 진실, 민주주의, 성평등, 복지, 건강, 국제 관계, 성장 동력, 혁신적 발견과 발명 같은 문제는 전 지구적인 기후위기 앞에서 빛을 잃어버린다. 가뭄과 폭염으로 식량이 사라지고, 사람들은 죽어 가거나 폭동을 일으키고, 식수를 놓고 벌어진 국경 분쟁이 전쟁으로 이어지는 세상에서, 이런 위기가 일시적인 것이 아니라 끝없이 가속화되는 상황에서, 정의와 복지가 무슨 의미를 지니겠는가? 기후과학자들은 이런 종말론적인 디스토피아가 눈앞에 와 있으며, 이미 여기저기서 징후가 나타나고 있음을 목이 쉬어라 외치고 있다.

위기는 심원하지만 이를 해결하기 위한 실천은 얄팍하다. 파리협약 같은 국제 협약이 지속가능한 발전을 위해 목표치를 제시하지만, 이를 달성하기 위해 열심인 나라나 정부는 찾아보기 힘들다. 트럼프에서 바이든으로 정권이 바뀌었지만, 미국은 끊임없이 생산하고 끊임없이 소비한다. 그 외의 나라는 책임을 다른 나라에 떠넘기기에 열중이며, 선진국들은 자국의 산업을 축소하는 것보다 저개발국의 경제성장을 돕는 방식으로 탄소 절감의 목표치를 달성하려고 한다. 시민들은 쓰레기를 분리수거하고, 빨대를 매립용 쓰레기에 넣어 버리고, 1회용 컵 대신 텀블러를 사용하는 데 위안을 얻고 있다. SDGs나 ESG 같은 목표는 기업이 돈을 버는 '녹색 산업'을 육성하는 개념으로 변하고 있다.

왜 이렇게 무력한가? 왜 아무것도 안 하는가? 세상 사람들은 서로 다른 이유를 들면서 자신이 아무것도 하지 않고 있음을 정당화한다. 우선, 기후위기가 과장되어 있다고 생각하는 사람들이 있다. 이들은 IPCC가 발표하는 위기가 1인당 온실가스 배출률이 석유 의존도가 높은 선진국이나 중국과 인도처럼 빠르게 발전하는 나라의 발목을 잡기 위해 과장되었거나 조작되었다고 본다. 다른 이들은 기후위기를 예측하는 기후과학자들이 사용하는 모델에 불확실성이 존재하며, 탄소 포집 기술이나 지구공학 같은 과학기술의 발전이 재앙이 오기 전에 기후위기를 완화하거나 해결해 줄 수 있다고 믿는다. 또 다른 소수는 화성으로 탈출을 꿈꾸거나, 기후위기에도 장기간 살아남을 수 있는 값비싼 도피처를 뉴질랜드 같은 청정 지역에 건설하고 있다.

기후위기의 심각성은 알지만, 아무것도 할 수 없다는 무력감에 젖어 있는 사람들도 많다. 이들은 자신의 개인적인 실천이 가속화되는 생산과 발전이라는 세상의 큰 흐름을 바꾸기에는 미약하다는 것을 잘 알고 있다. 플라스틱을 덜 쓰고, 고기를 덜 먹고, 비행기를 덜 타고, 쓰레기를 분리수거하고, 동물 보호 단체와 환경 보호 단체에 기부금을 내도 전 지구적인 이

산화탄소 배출량에는 변화가 없다는 사실을 목격하면서 무력해진다. 청년 세대는 결혼하지 않거나 아이를 낳지 않음으로써 위기에 적응하고 대항한다. 저개발국과 적도 지역의 섬나라에서 폭염과 해수면 상승으로 지금 이 시각에 삶의 터전을 잃고 있는 사람들, 배를 타고 바다를 떠도는 난민도 이 그룹에 속한다.

기후위기를 겪으면서 모두가 공멸하는 것 같지만, 사실은 아니다. 삶의 터전을 잃고 쫓겨나며, 굶주리고 목말라서 사망에 이르는 피해자들이 있는 반면에, 엄청난 온실가스를 방출하면서 호화로운 의식주를 만끽하는 사람들도 있다. 빠르게 소멸되는 동식물 종도 큰 피해자이며, 미래 세대도 피해자이다. 본인들은 모르고 있지만, 기후위기에서 극심한 피해를 당하는 사람들과 혜택을 누리는 사람들은 전선(戰線)을 사이에 두고 서로 싸우는 중이다.

다시 계급으로—녹색 계급

결국 핵심은 지금의 기후위기가 환경을 보호하거나, 멸종 동물 사냥을 금지하는 식으로 생물 다양성을 보존하거나, 육식을 조금 덜 해서 해결되는 문제가 아니라는 것이다. 문제의 근원은, 산업혁명 이후 가속화되어 발전한 자본주의적 생산 체계가 모든 생명체의 생존을 위협하는 방식으로 지구를 망가뜨렸고, 이제 지구가 이런 인간의 분탕질에 대해 반격하는 데에 있다. 계급을 얘기했을 때, 마르크스는 자본가가 생산수단을 독점하고 있는 것이 가장 근본적인 문제라고 생각했다. 이로부터 계급의 갈등과 (고도로 발전한 생산력의 공공적 성격과 생산수단의 사적 소유 사이의) 자본주의의 모순이 동시에 발생했다. 생산수단을 사적 소유에서 해방하는 것은 더 효율적인 생산을 위해서도 필수적이었다. 마르크스주의 사회주의자나 자본주의 옹호론자 모두에게 생산은 멈춰서는 안 되는 것이었다.

그런데 지금의 위기, 모순, 갈등은 생산의 속도를 줄이는 것만이 해결책이다. 진보 대신 퇴보, 성장 대신 탈성장, 발전(development) 대신 감싸기(envelopment)를 해야 하는 시점이다. 성장을 멈추고 후퇴해야 함을 외치는 지금의 투쟁은 19세기에 자본주의가 등장했을 때의 계급 투쟁보다 더 급진적이다. 19세기의 투쟁이 생산을 그 본래 의미로 이어 가기 위한 투쟁이었다면, 지금의 투쟁은 생산을 쇠퇴시키고 우리 존재의 생성(engendering)을 가능케 하는 조건들을 유지하기 위한 것이다. 19세기 노동계급이 생산수단을 탈취해서 제대로 된 생산 체계를 확보하기 위해 싸웠다면, 지금의 투쟁을 주도하는 녹색 계급은 생성 체계를 지탱하기 위해서 싸워야 한다.

라투르가 개념화한 녹색 계급은 각성한 그룹이다. 이들은 기후위기가 불평등의 문제, 정의의 문제임을 알고 있는 사람들이다. 기후위기 속에서도 이익을 얻는 사람들이 있고, 피해가 집중되는 사람들이 있음을 인지하고 있다. 이들은 마술 같은 지구공학 기술이 등장해서가 아니라 자본주의적인 생산을 축소하고, 발전이 아니라 인간과 지구가 공생하는 방식으로 후퇴하는 일만이 문명을 이어 나가는 것임을 알고 있다. 이들이 녹색 계급의 중핵, 혹은 전위(라투르와 슐츠는 전위라는 말을 아끼고 있지만)다.

녹색 계급이 힘을 갖는 데에는 오랜 시간이 필요하고 여러 어려움을 극복해야 한다. 이들은 생산 체계를 옹호하거나 그 리듬에 맞춰 살아오지 않기 때문에, 사회에서 소외된 자, 혹은 주변인으로 간주된다. 이들은 국가나 제도에 도움을 청하지도 않았고, 무엇보다 스스로를 정치화하지도 않았다. 게다가 녹색 계급의 정치화는 국민국가(nation state)의 국경 내에 머물지 않는다. 신기후체제의 위기를 극복하는 데 국경의 범주에 안주하는 국민국가는 효과적이지 못하기 때문이다. 라투르는 이들이 자신들을 하나로 묶어 주는 계급 의식을 획득하고, 각국의 민중(서민), 난민, 원주민을 후위(rearguard: 사회주의 운동에서 전위에 대비되는 개념)로 끌어들이는 것이 중요하다고 강조한다.

지금 당장 녹색 계급은 무엇을 할 수 있고, 무엇을 해야 할까? 마르크스와 엥겔스는 국제노동자협회(제1 인터내셔널)를 만들기에 앞서 자본주의를 철학적·경제학적으로 분석했고, 자본주의를 분석하기에 앞서 자본주의 사회에서 공장 노동자들이 얼마나 비참하게 살고 있는지 두텁게 묘사했다. 라투르와 슐츠는 지금도 마찬가지여서, 녹색 계급은 무엇보다 자신들이 처한 상황을 두텁게 묘사하는 일부터 시작해야 한다고 주장한다. 녹색 계급은 자신의 존재를 유지하게 해주는 조건들이 무엇인지 알아내야 하고, 이 조건에 얽힌 인간과 비인간들의 네트워크를 그려야 한다. 이렇게 계급의 생성 조건을 묘사하는 일은 자신의 존재에 대한 묘사이기도 하며, 비슷한 상황에 놓인 사람들에게 그들의 위치와 방향을 알려 주는 일이기도 하다. 이런 묘사가 모이면 역사 전개의 지평을 확장할 수 있고, 정치 상황을 바꿀 수도 있다. 한마디로 녹색 계급을 하나의 계급 의식으로 묶을 수 있고, 계급의 수를 확장할 수 있다. 정당 건설을 통한 정치화나 권력의 쟁취, 그리고 모범적으로 퇴보나 탈성장의 희생을 감수하는 것 등은 이런 단계 이후에 하나씩 확보해 나가면 된다.

이 책에 대해서는 여러 각도에서, 여러 층위의 비판이 가능하다. 녹색 계급은 1840년대에 공장과 도시에 몰려 있던 노동자 계급 같은 형태로 눈에 띄지 않는다. 개인, 공동체, 국가, 국제기구 등의 노력이 결국 성공하지 못할 것이기 때문에, 계급 투쟁을 통해 위기를 해결해야 한다는 주장의 근거 역시 분명치 않다. 라투르와 슐츠가 희망을 놓지 않았던 유럽이라는 공동체의 상황과 한국의 실정이 비슷하지 않은 것도 우리에게는 책의 한계로 여겨진다. 비판할 거리를 뽑자면 그 외에도 많이 있다.

그렇지만 이 서평에서는 이런 비판이 적절치 않아 보인다. 책 중에서는 비판해서는 안 되는 책이 있는데, 나는 이 책이 이런 범주에 속한다고 본다. 책이 묘사하는 가이아와 인류를 포함한 지구공동체가 직면한 위기가 너무 크고 근본적이어서, 비판보다 한 가지 실천이라도 더 보태는 것이 시급하다. 진정한 비판은 칼로 베어서 피를 보는 것이 아니라, 얘기 한 구절, 몸짓 하나를 얹는 작업이다.

무엇보다 이 책에는 브뤼노 라투르라는 걸출한 사상가의 40년이 넘는 기간의 철학적 고민과 그가 연구소, 아마존, 알프스산맥 등의 현장을 돌아다니면서 얻은 절박한 외침이 (조금은 거칠게) 응축되어 있다. 그는 인간은, 가이아는, 세균은 이미 모두 콜렉티브(collective)라고 외친다. 가이아는 그저 환경이 아니라 내 존재를 생성하는 땅, 나의 일부이다. 그래서 가이아를 침범하고 훼손하는 것은 나를, 내 육신과 정신을, 내 가족을 훼손하고 침범하는 것이다. 이렇게 비인간을 생각지 않는 인간의 존엄이란 허상이며, 마찬가지로 인간과 비인간의 개입을 고려하지 않은 자연도 허상이다. 라투르의 이런 생각은 소화하기 힘들다. 그렇기에 이 책은 잘게 씹어 먹어 소화할 책이지 토를 달 책이 아니다.

다만 원제 *Mémo sur la nouvelle classe écologique*에 있는 'classe écologique'를 생태 계급이 아니라 녹색 계급으로 번역한 것이 끝내 걸린다. 라투르가 유럽의 녹색당에 대해서 오랫동안 비판해 왔음을 생각하면, 그리고 4대강 사업으로 환경을 개악한 이명박 정권이 녹색 기술을 국정 목표로 삼았음을 생각하면 더 그렇다.

홍성욱
과학기술과 사회의 관계를 연구하는 과학기술학자. 《서울리뷰오브북스》 편집장. 가습기 살균제나 세월호 참사 같은 과학기술과 재난 관련 주제들, 그리고 이와는 상당히 다르지만 1960-1980년대 산업화와 기술발전에 대해서 연구하고 있다.

『지구와 충돌하지 않고 착륙하는 방법: 신기후체제의 정치』 브뤼노 라투르 지음, 박범순 옮김, 이음, 2021

미국의 트럼프와 영국의 브렉시트로 상징되는 보수 반동적인 정치와 기후위기를 하나의 프레임에서 이해하는 '신기후체제', 그리고 지구가 구(globe)가 아니라 얇은 '임계 영역'이라는 라투르의 중요한 사상이 압축적으로 표현된 저서.

"특히, 일부 연구자들이 임계 영역이라고 부르는 것과 관련된 과학에 집중하는 것이 중요하다. 우주에서 바라본다면, 제3의 유인자인 대지에 대한 지식은 거의 모두 놀랄 정도로 작은 영역인 대기권과 기반암 사이의 몇 킬로미터 두께에 한정되어 있다. 이를테면, 생물막, 광택 필름, 피부, 수없이 포개져 있는 층들과 같은 것이다." — 책 속에서

『나는 어디에 있는가? 코로나 사태와 격리가 지구생활자들에게 주는 교훈』 브뤼노 라투르 지음, 김예령 옮김, 이음, 2021

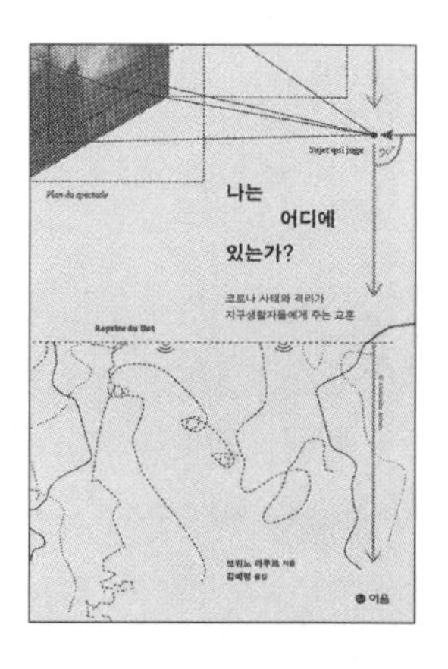

코로나 팬데믹이 터지고 많은 나라들이 도시와 지역을 봉쇄하는 락다운(lockdown) 정책을 실시했다. 전 세계를 바쁘게 오가던 비행기는 모두 멈추었고, 공장의 가동도 중단되었다. 사람들은 집에서 공포스러운 나날을 보내야 했다. 그렇지만 이 절망적인 순간에 라투르는 새로운 희망을 보았다. 자본주의 세계 경제가 중지해도 우리의 삶은 이어질 수 있다는 것이었다. 코로나 팬데믹은 기후위기의 '예행연습'이었지만, 또 한편으로 이를 극복할 수 있는 실낱 같은 희망의 빛이기도 했다.

"한편으로는 우리 자신이 죄수라고 느끼고, 다른 한편으로는 스스로 해방되었다고 느낀다. 한편으로는 숨이 막히며, 다른 한편으로는 이제야 숨을 쉰다. (……) 미처 예상치 못한 다음의 슬로건이 멀리서부터, 그러나 날이 갈수록 점점 더 또렷하게 들려오는 듯하다. '만국의 격리된 자들이여, 단결하라! 그대들은 동일한 적을 지니고 있으니, 다른 행성으로 피해 달아나려는 자들이 바로 그들이다.'"
— 책 속에서

Undinge: Umbrüche der Lebenswelt

사물의
소멸

우리는 오늘
어떤 세계에 살고 있나

한병철
전대호 옮김

김영사

『사물의 소멸: 우리는 오늘 어떤 세계에 살고 있나』
한병철 지음, 전대호 옮김, 김영사, 2022

신자유주의 사회에서의 자아의 소진과 사물의 소멸

— 한병철의 시야에 비친 우리 시대의 초상과 그에 붙이는 논평

이행남

2010년 독일에서 출간된 저작 『피로사회(*Müdigkeitsgesellschaft*)』로 후기자본주의 사회의 구조와 본질을 그 누구보다 선명하게 포착해 내는 사상가로 명성을 얻은 한병철은 이제 더 이상 장황한 형용이 필요치 않은 우리 시대의 대표 철학자이다. 이후 출간된 여러 저작들을 통해 탁월한 시대 비판적 사상가로서의 그의 입지는 더욱 굳건해지고 있다. 올해 우리말로 출간되어 한국 독자들 곁으로 찾아온 그의 최근작 『사물의 소멸: 우리는 오늘 어떤 세계에 살고 있나(*Undinge: Umbrüche der Lebenswelt*)』 역시 그러하다. 이 최근작에서 한병철은 우리 시대의 주체들이 처한 불운한 상황을 선명하게 소묘해 왔던 그간의 작업의 연장선 위에서 이제 주체 맞은편의 사물에도 시선을 던지며 자신의 시대 비판의 외연을 유의미하게 확장하는 데 성공한다. 이 반가운 최근작 출간을 계기로 지금까지 한병철이 걸어온 사유의 궤적을 전체적으로 조망하면서 그 생산적 함의와 아쉬운 한계를 되짚어 보고자 한다.

나는 먼저 한병철이 그간의 저작들*을 통해 오늘날 우리 삶의 풍경을 지배하는 고유한 특질을 탁월하게 드러내는 데 분명히 성공하고 있다는 사실을 확인할 것이다. 이어서 그럼에도 불구하고 그가 보여 준 이 군더더기 없는 시대 비판의 '선명성'이라는 미덕이 어쩌면 과도한 '선 긋기'와 지나친 '일면성'을 대가로 얻은 애석한 소산은 아닐지 되물어 볼 것이다. 한병철이 이제 더는 '존재하지 않는다'라고 과감하게 선언한 것들은 보다 섬세한 시선으로 보면 여전히 유의미하게 빛을 발하며 살아남아 있지 않은가? 이런 것들을 포착해 낼 수 있는 예민한 감각이 살아 있을 때에만 '우리 시대의 초상을 정밀히 소묘'하려는 그의 기획이 충실히 완성될 수 있는 것은 아닐지 반문해 보려 한다.

한병철의 시대 비판의 출발점

한병철은 오늘날 삶을 병들게 만드는 후기자본주의 사회의 야만적 폭력성과 극단적인 광증의 '참된 본질'을 밝히기 위해서는 '억압적인 계급 지배'라는 시대 비판적 분석 틀에서 과감히 벗어날 필요가 있다는 패러다임 변형에서 출발한다. 물론, '계급'의 문제틀로 사고하는 것이 여전히 유효하긴 하지만, 한병철에 따르면 우리는 이제 더 이상 '생산수단을 소유한 자본가' 계급과 '생산력만을 소지한 노동자' 계급을 가르는 대대적인 구

---

* 『사물의 소멸』에 이르는 한병철의 사유를 조망하기 위해서 이 글에서 특히 구체적으로 논의될 그의 전작들은 『피로사회』(2012), 『투명사회』(2014), 『심리정치』(2015) 등이다.

별, 즉 '착취하는 계급'이 '착취당하는 계급'에게 가하는 억압적인 지배 체제의 부정적 대립으로 인해 고통을 겪고 있는 것이 '아니다'. 그는 오늘날 우리 삶을 짓누르는 고통은 외부에서 가해지는 억압에서 오지 않으며, 우리 시대의 노동 인구는 자본가와 같은 '타자'들이 가하는 억압에 예속되어 일그러지고 있지 않다고 말한다. 그리고 타자가 가하는 지배의 '부정성'이 고통의 근본 원인이 아니므로, 진정으로 자유롭고 좋은 삶을 되찾기 위한 그들의 분투 역시 더 이상 타자에 맞선 '저항'의 형태를 띨 수 없다. 억압과 저항, 억압하는 자와 저항하는 자, 착취하는 자와 착취당하는 자를 가르는 절대적 경계선을 획정하고 강화하는 형태로 작동하는 통치 체제는 더 이상 오늘날의 것이 아니라는 것, 이는 과거의 자본주의 질서를 지배했던 문법에 불과하다는 것이 우리 시대의 초상을 그리기 위한 한병철의 작업의 출발점을 이룬다.

억압적 계급 지배와 신체통치의 체제: '어제의' 규율사회

이 과거를 일컬어 한병철은 (푸코가 이미 사용한 용어를 다소간 과도한 푸코 비판의 의미로 재사용하면서) "규율사회"라고 칭한다.(『피로사회』, 23쪽) 한병철에 따르면 과거의 규율사회는 정상적 삶의 영위를 위해 행해서는 안 될 것에 대한 금지 명령과 반드시 행해야 할 것을 고지하는 당위 명령을 통해 주체를 억압하는 지배 체제이다. 규율사회의 정치는 각종 금기를 명하는 '법률들'을 동원해 주체의 삶을 짓누르는 억압적인 통치술을 본질로 한다면, 그것의 경제 체제는 생산수단을 갖지 못한 자들, 오직 자신의 몸뚱이만을 가지고 목숨의 보존과 생계 유지를 위해 생산 활동에 종사하는 자들을 소외된 노동의 굴레에 예속시키는 자본주의적 착취의 기술을 본질로 한다. 즉 과거의 규율사회를 지배했던 정치·경제적 통치술의 핵심은 지배자와 피지배자, 자본가와 노동자를 가르는 이분법적인 대립선의 유지와 강화를 핵심으로 한다. 그리고 이런 통치술을 동원해 자신의 위력을 구가해 왔던 규율사회에서 후자의 영역에 속한 이들이 소외된 노동에 갇힌 피지배자의 삶 속에 갇혀 철저히 억압될 수 있었던 까닭은 그들의 '몸'이 훈육과 감시의 대상으로 철저히 통제되었기 때문이다. 지난 시대의 '규율사회'는 인간의 '몸'을 생산성의 극대화에 이바지하는 효율적인 도구가 되도록 훈육하는 '신체정치'의 기술을 근간으로 하는 지배 체제, 즉 인간의 삶을 다만 노동력의 유지와 재생산을 위해 관리될 필요가 있는 '목숨'에 불과한 것으로 환원함으로써 노동 인구의 최적화된 보존을 꾀하는 인구 정책과 '생명정치'를 본질로 하는 지배 체제이다.

한병철은 규율사회를 지나간 시대로 규정하므로, 그에게 다수의 인구를 소외된 노동에 예속시키는 체제를 타깃으로 삼는 마르크스식의 자본주의 비판은 우리 시대의 주체들이 처한 '현주소'를 제대로 알려 줄 수 없는 시대착오적인 것이다. 그의 진단에 따르면 첫째, 오늘날의 주체들은 더 이상 자신을 억압적으로 지배하는 타자와 그에 지배되는 '나'라는 대립구조 속에서 자신을 바라보지 않는다. 둘째, 자본주의는 진화 과정에서 필연적으로 모순에 직면하게 되며 내재적으로 자라난 이 모순 때문에 붕괴될 위기를 맞이할 것이라는 마르크스의 진단 역시 오늘날의 자본주의적 생리에 맞지 않기는 마찬가지다. 오늘날 대다수의 노동 인구 대중은 지배적인 생산관계와 갈등하고 대치하기는커녕 오히려 사회 지배의 질서를 자기 삶의 이상으로 수용하는 자발성과 적극성을 보이는 방향으로 기운 지 오래이기 때문이다. 셋째, 그런 한에서 마르크스가 자신의 자본주의 분석으로부터 끌어내는 자본주의 너머의 해방된 미래에 대한 낙관 역시 현실적이지 못하기는 마찬가지다. 사적 소유의 문법을 폐기하고 새로운 사회를 개시하는 프롤레타리아트의 공산주의 혁명을 그리는 청사진은 오늘날 우리에게 필요하고 가능한 사회적 해방의 이상적 원형과 거리가 멀다.

이처럼 우리 시대의 초상을 정확히 그려 내기 위해 한병철은 자본주의를 '억압적인 계급 지배의 통치 체제'로 간주하는 마르크스(주의)와 과감히 결별해야 한다고 주장한다. 그리고 이 결별의 제스처 아래에는, 모순을 겪는 당사자들의 저항 의지를 필수 요소로 하는 저 낙관적인 '해방적 주체론'이 더는 유효하지 않다는 확신이 깔려 있다. 나아가, 그는 한동안 우리 시대의 사회적 해방 운동의 좌표를 제시해 주는 시도로서 큰 주목과 반향을 불러일으켰던 '포스트 마르크스주의적 시도들'에 대해서도 분명한 선을 긋는다. 가령 그는 안토니오 네그리가 야심 차게 내놓은 "협동하는 다중"이라는 이름의 집합적 주체 개념 역시 세상 물정을 모르는 순진무구한 것이기는 마찬가지라고 본다. 우리 시대의 지배는 '억압'을 본질로 하지 않기 때문에, '억압된 자'라는 정체성을 소지하는 주체도 없으며, 이 정체성을 공유하며 타인들과 함께 '우리'를 구성하는 자들의 집합도 없다. 그러므로 한병철의 결론은 다음과 같다. '우리들'을 억압하는 자본주의적 지배 체제에 맞서 '함께' 저항하는 "협동하는 다중"의 실천이 삶의 해방과 사회의 변화를 가져올 수 있다는 네그리식 전망은 우리 시대의 풍경에 어울리지 않는다.(『심리정치』, 15쪽)

우리 시대의 초상: 신자유주의 사회의 구조적 본질과 주체의 양태

그렇다면 오늘날의 '주체'는 누구인가? 우리 시대의 주체들은 '어떤' 삶을 살아가며 '무엇'을 지향하는가? 한병철이 진단하는 최첨단의 신자유주의 질서 안에서 살아가는 주체들은 '긍정성'의 문법을 자발적으로 수용해 무한한 자기재생산의 프로젝트에 전념하며 스스로를 착취한다.

부정의 부정을 대신하는 긍정의 긍정

내가 마음먹기에 따라 무엇이든 '해낼 수 있다'는 긍정적 가능성의 문법을 장착한 존재들, 그것이 한병철이 보는 우리 시대 주체의 모습이다. 한병철은 오늘날의 주체들은 긍정적 가능성의 프리즘에 따라 자신을 바라보면서, 끝없는 자기계발을 통해 더 많은 성과와 업적을 축적하기를 희구한다고 지적한다. 그의 시야에 포착된 우리 시대의 주체들은 빈틈없는 긍정성으로 무장한 존재들이다.

보다 많은 성과를 내기 위한 무한한 자기계발의 프로젝트

이런 주체를 묘사하기 위해 한병철이 활용하는 개념이 '프로젝트 주체'이다. 오늘날의 신자유주의적 질서하에서 주체적 삶은 나의 무궁무진한 가능성을 긍정하는 데에서 '출발'해 내 안의 잠재적 가능성을 효과적으로 계발하고 최적으로 실현할 수 있는 수많은 프로젝트를 끝없이 자발적으로 기획하고 실현하는 과정을 거쳐, 보다 많은 '성과'를 거두는 데에 도달하는 순환 운동을 지속한다. 프로젝트 주체라는 형식은 단순히 우리 시대의 성원들의 '일부'만이 장착하는 예외적인 성공적 삶의 범형이 아니라 '모든' 주체들이 예외 없이 내면화(해야)하는 삶의 형식, 즉 정상적인 자아로 자신을 규정하고 드러내려는 존재라면 누구나 일반적으로 받아들이는 '보편적인' 삶의 범형이 되었다는 것이 이 진단의 핵심이다. 바로 이 점에서 우리 시대의 주체들은 더 이상 "자아와 타자로 나뉜 양극화"(『피로사회』, 21쪽)의 대립선을 축으로 갈라져 있지 않다. 오늘날 주체들은 한결같이 프로젝트 주체로서의 문법을 공유하며 동일한 모습으로 살아간다. 이런 진단에 따라 한병철은 오늘날의 성과사회의 생활세계를 “부정이 없는 동질적인 것의 공간”(『피로사회』, 21쪽)으로 명명한다.

심리정치: 자유를 통한 지배의 완성

이처럼 한병철의 시야에 포착된 우리 시대의 주체들이 ‘Yes, I can’의 모토를 스스로 ‘머리’와 ‘가슴’에 새기고 무한한 자기생산의 프로젝트에 맹렬히 돌진하는 존재들이기 때문에, 오늘날의 성과사회는 신체를 통제하고 훈육하여 예속시키는 폭력적인 정치술의 메커니즘 없이도 매끄럽게 돌아가는 “심리정치”의 사회이다. 물론 이는 성과사회의 문법을 내면 깊숙이 긍정하며 살아가는 오늘날의 주체들이 ‘자본주의적 지배’에서 벗어나 창의적인 삶을 만끽하는 참된 자유의 지평 안으로 진입하는 데 성공했음을 뜻하지 않는다. 사정은 정반대이다. 왜냐하면 그들이 추구하는 ‘성과’라 함은, 객관적 가치 평가를 통해 사회적 인정을 가져다주는 성과, 사회경제적 자본의 획득과 축적을 가능케 해주는 종류의 성과이기 때문이다. 바로 이것이, 오늘날의 신자유주의적 질서를 특징 짓는 이채로운 양면성의 실체를 이룬다. 신자유주의적 주체들은 ‘자유로운’ 의지에 따라서 무한한 성과 내기의 ‘압박 아래에’ 선다. 성과와 가치 창출의 존재가 되라는 자본주의적 ‘명령’은, 우리 시대의 주체들이 온 마음과 정성을 다해 자신의 것으로 적극적으로 내면화하기를 희구하는 ‘자유’의 문법이 된다. “후기 근대의 성과 주체는 그 누구에게도 예속되지 않는다. 그는 더 이상 어떤 예속적 본성을 지닌 종속자가 아니다. 그는 자신을 긍정화하고 해방시켜 프로젝트가 된다”.(『피로사회』, 102-103쪽) 그러므로 우리 시대의 ‘노동자’는 더 이상 자본가의 억압에 예속된 노예적 존재가 아니라 “자기 자신의 경영자"(『심리정치』, 45쪽)이다. 그리고 오늘날의 사회는 '외부의 지배자' 없이도 '지배의 완성'이 이룩된 체제이다. 이렇게 자본주의는 그것이 위력을 발휘하는 반경의 '크기' 면에서 보나, 주체 안으로 침투해 들어온 '깊이'의 측면에서 보나, 명실상부하게 지배력을 완성하기에 이르렀다는 것이 한병철의 진단이다. 우리 시대의 "자유와 착취는 하나가 된다."(『심리정치』, 45쪽) 이것이 오늘날 자유가 얻은 '새로운' 양태, 우리 시대의 '신'자유의 양태이다.

분노와 저항의 부정적 실천을 떠나 '좋아요' 수집의 기쁨으로

한병철이 개탄하는 문제는 이처럼 나를 혹독하게 착취하는 지배자가 다름 아닌 '나 자신'이라서 우리 시대의 주체들에게는 지배에 저항하고 반감을 표할 길이 막혀 있다는 것이다. 즉 이들이 겪는 '자기 착취'와 그것이 가져오는 고통은, 고통을 가하는 외부 존재를 무너뜨리고 부정하는 방식으로는 치유될 수 없다. 나를 착취하며 압력을 가하는 장본인 또한 '나'이기 때문이다. '착취자'에 대한 분노와 저항이 되어야 할 에너지는 자책과 자기 혐오의 형태로 자신을 향한다. 한병철에 따르면, "어떤 상황을 중단시키고 새로운 상황이 시작되도록 만들 수 있는 능력"(『피로사회』, 50쪽)인 분노라는 "부정적 감정"(『투명사회』, 26쪽)의 표출을 오늘날 자주 목도하지 못하는 데에는 이런 사정이 반영되어 있다. 부정성의 금기와 강제성의 폭력을 통해 지배하는 사회체제에서 주체들은 나를 억압하는 금기와 폭력의 행사자가 분명하므로 저항에 나서기 쉽다. 반면 오늘날 만연한 양태의 '지배'는 좀처럼 반감과 저항의 대상으로 인지되기도, 혁명적 봉기를 통해 전적으로 부정되거나 와해되어야 할 부당한 폭력의 원천으로 규정되기도 어렵다. 한병철에 따르면, 오늘날 성과사회의 프로젝트 주체라는 보이지 않는 쇠창살 안에 스스로를 자발적으로 가두는 존재들이 순간적이고 일회적인 자극과 흥분을 주는 온갖 정보들이 넘쳐나는 스마트폰 속의 디지털 공간에 머물기를 택하는 것은 이와 무관하지 않다. 그들은 자신을 짓누르는 성과의 압력으로 넘쳐나는 현실 세계를 부정적 시선으로 응시하고 마주하기보다는, '싫어요'를 클릭할 기회가 허용되지 않는 곳, 오직 "좋아요"(『투명사회』, 26쪽)를 주고받는 클릭만이 가능한 곳에서 단발적이고 순간적인 기쁨을 얻는 위안을 택한다.

스마트한 권력의 투명성

한병철에 따르면 오늘날의 신자유주의적 자본주의는 무한한 '성과'의 생산을 지향하는 사회일 뿐 아니라, 모든 것에 가격을 매겨서 비교 가능한 대상으로 만들고 손쉽게 처분할 수 있는 상품으로 전시해 끝없는 구매 의사를 양산하고 취사선택을 종용하는 '소비사회'이기도 하다. 그리고 그가 보기에 총체적인 소비사회로서의 오늘날의 자본주의를 지탱해 주는 핵심적인 매체가 바로 '스마트폰'이다. 우리들이 한시도 스마트폰에서 손가락을 떼지 못하며 그것에 붙들려 있는 것은 우리 삶이 얼마나 철저하게 자본주의적 지배 질서에 붙들려 있는지를 보여 주는 증거이다.

한병철이 스마트폰을 특별히 자신의 시대 비판의 핵심적인 타깃으로 삼는 까닭은 더 있다. 그에 따르면 오늘날의 사회는 '모든 것이 투명하게 공개되어야 한다'는 슬로건을 정의의 기조로 삼는 "투명사회"이다. 물론 사회 안의 모든 것이, 서로에게 모든 것이, 내 안의 모든 것이 전적으로 '투명하게' 공개되어야 한다는 요구는, 명백히 공개되어야 할 것들이 공개됨으로써 주체의 알 권리를 확대하고 공적 정의의 반경을 확장하는 소득을 가져다주었음에 틀림없다. 그러나 투명사회로의 이행을 통해 거둔

소득에는 반드시 뼈아픈 대가가 뒤따른다. 훤히 비추어져서는 안 될 것, 비밀스럽게 남겨져 있어야 마땅할 것, 각 주체가 자기만의 '사적인 것'을 보존하고 담아 두는 저장소로 남아 있어야 할 '영혼의 내부'까지도 밝은 빛 아래에서 '소진'될 위기에 처하기 때문이다. 오늘날 우리는 손가락 끝의 사소한 움직임 몇 번만으로 처분 가능한 모든 정보를 수집할 수 있으며, 타인의 사적 삶의 장면들은 물론이고 자신의 내밀한 삶의 기록들까지도 이제는 모두 이런 정보의 권역에 속한다. 이렇게 우리 사회는 "포스트 프라이버시의 이데올로기"(『투명사회』, 17쪽)가 지배하는 사회, 즉 모든 것이 목격되고 말해지고 수집될 수 있는 정보로 열람되는 "친절한 스마트 권력"(『심리정치』, 29쪽)이 지배하는 사회다.

자아의 소진과 우울

그러나 스마트폰의 매끄러운 화면들을 자유롭게 옮겨 다니며 '좋아요'를 누르고 모은다고 해서 삶이 진정으로 '자유롭고 즐거운' 것이 되지는 않는다. 한병철이 우리 시대를 비단 성과사회나 투명사회로만 명명하지 않고, 피로사회 혹은 우울사회라고도 부르는 까닭은 여기에 있다. 주체의 '자발성'과 사회의 '투명성' 속에서 개인들은 여전히, 아니 오히려 더욱더 피로하고 우울하다. 이들은 자기 혐오와 자기 학대에 취약하기 때문이다. 성과의 압력에 부응할 수 있는 최적화된 상태에 도달하기 위해서는 효율적인 자기 관리와 자기 제어가 필요하다. 모든 이에게는 이를 이룩할 수 있는 충분한 힘과 가능성이 실재한다는 "신자유주의적 자아 기술"(『심리정치』, 45쪽)의 논리를 자발적으로 수용하며 긍정(해야)하는 이들이 오늘날 성과사회의 주체들이기 때문에, 그들은 자기 경영의 실패를 고스란히 나의 부족과 결함 탓으로 전가하는 데 익숙하다. 즉, "신자유주의적 성과사회에서 실패하는 사람은 사회나 시스템에 의문을 제기하기보다는 자기 자신에게 실패의 책임을 돌리고 부끄러움을 느낀다."(『심리정치』, 17쪽) 번아웃과 우울증이 이 시대를 대표하는 질병이 된 까닭은 여기에 있다. '할 수 있음'의 긍정성을 내면화한 주체들은 자신을 하얗게 불태우는 데로까지 나아가기를 주저하지 않기 때문에 번아웃의 소진 상태에 닿기 쉬우며, 자기 소진과 그로부터 야기되는 무기력증을 자신의 능력 부족과 결함 탓으로 돌리기 때문에 우울의 늪으로 빠지는 것을 피할 도리가 없다.

타자의 소실과 유대의 실종

물론 한병철이 보기에 오늘날의 주체들이 소진증후군과 우울증의 위험에 취약한 까닭은, 그들이 '자아'의 반경 속으로만 침잠해 살아가는 존재들이기 때문이다. 그런데 여기에는 그만한 까닭이 있다. "사회적 원자화와 파편화로 인한 유대의 결핍"(『피로사회』, 26쪽)이 바로 그것이다. 즉 오늘날 주체들이 고립된 주체로서의 삶에 전념할 수밖에 없는 까닭은 '자아의 경제'의 과잉 때문이기도 하지만 동시에 '타자의 부재' 때문이기도 하다. '타자'의 부재란 곧 현재 내 삶의 익숙한 논리에서 벗어나 '다른 삶'의 가능성을 응시하고 바라보는 '사색의 틈'을 열 수 있는 경험을 맞이할 기회 자체가 없다는 것과 같은 의미이다. 한마디로, 오늘날 모든 주체들이 무한한 성과의 압력하에서 나의 자유를 실현할 권한과 책임을 스스로의 몫으로 기꺼이 껴안고 긍정하는 '똑같은 모습의 개인적 자아'로 편협하게 굳어지는 경향은, 타자와의 유대의 결핍이라는 현상, 유대의 대상이 되어야 할 타자적 이질성 자체의 부재라는 현상과 밀접히 연관되어 있다. 오늘날의 생활세계 안에는 이질적 타자성의 자리가 텅 비어 있기 때문에, 주체들에게 허락되는 유일한 길은 파편화된 원자적 개인으로서 자아 안으로 침잠하는 것뿐이다. 그러므로 나의 고통 또한 오직 '나'의 책임으로 귀속될 수 있을 뿐이다. 오늘날 소진증후근과 우울증을 야기하는 보다 근본적인 원인은 타자(성)의 부재에 있다.

사물의 소멸

한병철에 따르면 오늘날의 주체들에게 '없는 것'은 '타인의 현존'만이 아니다. 우리 시대의 주체들은 또한 자신의 고유한 몸체를 가지고 내 곁에 우뚝 서 있는 견고한 대상인 '사물'과 내밀한 관계를 맺을 기회 역시 얻지 못한다. 오늘날 "동일한 것의 지옥"(『투명사회』, 14쪽) 속에서 쳇바퀴를 도는 삶을 낳는 주요한 요인으로 거론되어야 할 '타자성의 소멸'에는, 비단 '타인'이 현존하지 않는다는 사실은 물론이고, 전통적으로 주체의 대척점에 놓이는 '타자'의 자리에 놓여 왔던 대상적 사물들이 더 이상 실재하지 않는다는 사실까지도 포함되어야 한다. 이 후자의 현상이 바로 한병철의 최근작 『사물의 소멸』에서 본격적인 비판의 소재로 다루어지는 우리 시대의 문제이다.

이 저작에서 한병철이 내놓는 경고의 메시지는 다음과 같다. 다만 동일한 것이 끝없이 반복되는 시간과 공간의 지평 안에서 우리 삶은 활력과 생기를 상실할 수밖에 없다. 따라서 삶의 시간도, 삶의 공간도 우리 일상의 동일한 흐름을 중단시키고 새로운 것이 피어날 수 있도록 해주는 틈새와 균열, 거리두기의 단초들에 역동적으로 노출될 필요가 있다. 일상의 '시간'을 중단시켜 주는 것, 시간의 이음새를 끊어 멈춤과 돌아봄의 틈새를 벌려 주는 것이 "리추얼"이라면,(『사물의 소멸』, 182쪽) 자아의 내부로만 침잠한 채 살아가는 나를 현재 삶의 틀에서 벗어나 고요한 사색 안으로 들어가게 해주는 것이 '정든 사물들'이다. 내 오랜 손때가 묻은 물건, 자신의 고유한 색채를 뿜어내며 내 공간에 향기를 부여해 주는 물건은, 나를 현재 삶의 '자리'에서 벗어나 과거의 아름다운 기억의 물결 속으로 혹은 미래의 자유로운 상상으로 이끌어 준다. 한병철에 따르면, 내 마음과 내 삶의 서사가 담겨 있는 "은은한 사물"을 "소유"한 자만이(『사물의 소멸』, 29쪽), 자신의 삶 속에서 스스로의 모습으로 거주할 수 있다. 그러나 불행하게도 우리 시대의 주체들은 자신의 곁에서 오랫동안 충실한 동반자로 살아온 사물들에 마주해 살지 못한다. 그러므로 이들에게는 자기 삶의 서사와 고유한 자아의 실존을 비추어 주는 대상이 없다. 이렇게 『사물의 소멸』에서 한병철은 '물신화의 위험'에 주목했던 마르크스의 경각심 대신에 '탈사물화가 가져오는 참된 인간적 실존의 실종'을 경고하며 우리를 땅의 질서에 발딛게 만들어 주는 '사물 소유 질서'의 재정립이 필요하다고 역설한다.

한병철의 시대 진단의 탁월한 '선명성'과 아쉬운 '섬세함'

한병철이 그간 여러 저작을 통해 선보인 시대 비판적 사유 안에는 우리 삶의 현주소를 돌아보게 만드는 유효한 통찰들과 영감을 주는 생산적인 단초들이 가득 담겨 있다. 그가 보여 주는 시대 비판의 매력은 무엇보다도 오늘날의 주체들의 삶을 지배하는 '새로운 문법'이 무엇인지를 군더더기 없이 선명하게 제시한다는 사실에 있다. 그러나 이러한 시대 진단의 '선명성'이라는 미덕은 어쩌면 우리 시대의 주체들의 삶 속에서도 '여전히' 살아 숨 쉬고 있는 요소들을 애써 수면 아래로 가라앉히는 의도적 도외시와 자의적 배제의 전략 덕분에 획득된 것일지 모른다는 것이 나의 인상이다.

한병철이 옳게 지적하듯이, 우리는 오늘날 끝없는 성과를 올리기 위해 자신을 혹독하게 착취하고 무한히 채찍질하며 산다. 그러므로 우리는 언제나 '피로'하며 자주 '우울'하다. 그러나 우리는 이렇게 혹독한 자기 지배의 굴레 속에서 살아가는 와중에도, 내가 어찌할 수 없이 수용하여 실천하고 있는 이 '무한한 자기 생산을 통한 최적의 성과 창출'의 명령이 비단 내가 자유로운 의지에 따라 긍정하고 내면화한 것만은 '아니'라는 사실을 충분히 의식하고 있다. 즉 우리는 끝없는 자기 착취와 무한한 성과 창출의 명령이 단지 나 자신이 자발적으로 긍정하여 수용한 것에 불과한 것은 아니며, 우리를 억압하는 사회적 지배 질서의 규율에 의해서 조형된 것이자 사회 권력의 통제하에서 학습된 것이기도 하다는 것을 잘 알고 있다. 그러므로 우리는 무한한 성과의 압력에 짓눌려 사는 삶 속에서 겪는 고통의 원인을 그저 나에게 귀속시키며 자기 학대나 자기 혐오의 늪 속으로 빠지기만 하는 것이 아니라, 우리를 끝없이 성과 올리기의 굴레 속으로 밀어 넣는 사회적 질서의 부당함과 폭력을 고발하고 반대하는 저항의 실천을 수행하는 데로 나아가기도 한다. 오늘날 주체들이 사회적 삶의 한가운데에서 맞닥뜨린 고통 앞에서 그저 무기력하게 소진되거나 우울증의 나락으로 떨어질 뿐이라고 진단하는 것은, 신자유주의적 자본주의 질서가 가하는 폭력적 억압의 직격탄을 맞아 사회적 약자의 지위로 내몰린 가운데에서도 이 억압의 부당성을 드러내고 그에 맞서 싸우는 투쟁의 주체로 나서는 존재들의 현존을 도외시하는 몹시도 무례한 언사에 해당한다고도 볼 수 있다.

더욱이 오늘날의 후기자본주의 사회 안에서 주체들이 벌이는 이런 '사회적 투쟁의 실천'들은 대개 홀로 벌이는 외로운 싸움의 양태를 띠기보다는 '같은 상황에 내몰린 자들과 연대하는 공동의 실천'의 양태를 보인다. 즉 우리 시대의 주체들은 자신을 짓누르는 삶의 고통을 외부의 지배권력에 의해 가해지는 부당한 '폭력적 억압'으로 규정하고 그에 맞서 '분노'하고 '저항'하고 싸울 뿐 아니라, 내 곁의 타자와 '우리'를 이루어 함께 싸운다. 한병철이 시대착오적인 과거의 지평으로 밀어내기를 원하는 (포스트) 마르크스주의적인 주체의 형상, 즉 피억압자로서 자신을 규정하며 자신과 같은 집합에 속하는 자들과 연대하여 우리를 이루고자 하는 의식으로 충전된 실천적 주체의 형상은 오늘날에도 여전히 (그러나 다른 양태로) 그 힘을 발휘하며 살아 있다. 그러므로 오늘날의 사회는 무한한 자기 생산을 통한 최적의 성과 창출이라는 문법을 차용한 채 고립된 자아로 살아가는 주체들만이 실재하는 '동일한 것의 지옥'에 불과하기 때문에 우리 시대의 개인에게는 '타자'도 '우리'도 부재하다는 한병철의 분석 또한 오늘날의 생활세계의 풍경을 정확히 반영하기에는 분명히 과도하고 동시에 부족하다.

그런 의미에서 한병철이 대대적으로 도입하는 하나의 시대 구분의 '경계선', 즉 '규율사회'를 과거의 것으로 '성과사회'를 현재의 것으로 구분하는 절대적인 시대 구분의 획정선은 성과사회 안에서 살아가고 있는 프로젝트 주체들의 일상적 경험 그 자체에 의해서 이미 '비현실적인 것'으로 충분히 직관되고 있다고 말해야 옳을 것이다. 성과사회는 규율사회의 심화된 버전 혹은 확장된 판본이라고 할 수는 있을지언정, 규율사회가 과거의 뒤안길로 사라지고 난 자리에 비로소 생겨나기 시작한 완전히 '새로운' 시대는 아닐 것이다. 한병철이 말하듯 규율사회가 인간의 '몸'을 통제하고 훈육하여 정상 자아를 만들어 내는 지배 기술을 본질로 하는 통치체제라면, 오늘날의 성과사회의 프로젝트 주체야말로 규율사회의 연장선 위에서 살아가느라 고통을 겪는 존재들이 아니겠는가? 그도 그럴 것이 오늘날 무한한 자기 생산을 통해 최적의 성과를 창출해 내기 위한 프로젝트를 끝없이 설계하고 실행에 옮기는 주체들이야말로 자기 몸이 사회적 시선에 의해 감시되고 통제되며 함부로 평가된다는 경험 속에서 살아가기 때문이다. 그러므로 "규율사회는 더 이상 우리 사회가 아니"라는 한병철의 선언도, '신체의 정치'를 지나간 규율사회의 것으로 '심리정치'를 지금의 성과사회의 본질로 선명하게 나누는 한병철의 구별도, 우리 시대의 초상을 정교하게 그리는 데에 기여하기보다는 섬세함이 결여된 부정확한 그림으로 만드는 데에 일조하는 지나친 '선 긋기'로 보이는 것은 나의 느낌만은 아닐 것이다.

이행남
서울대학교 철학과 조교수. 서울대학교 동양사학과에서 학사를, 같은 대학교 철학과에서 석사학위를 받았으며, 이후 독일 프랑크푸르트대학교 철학과 박사학위를 받았다. 저서로는 *Dialektik der sittlichen Freiheit. Hegels Auseinandersetzung mit seinen Vorgängern*(인륜적 자유의 변증법: 그의 선행자들에 대한 헤겔의 논쟁을 중심으로), 역서로는 『비규정성의 고통: 헤겔의 '법철학'을 되살려내기』, 공저로는 『근대 사회정치철학의 테제들: 홉스에서 마르크스까지』가 있다.

『소진된 자아: 우울증 그리고 현재의 사회(*Das erschöpfte Selbst: Depression und Gesellschaft in der Gegenwart*)』 알렝 에렝베르 지음, Suhrkamp, 2008(국내 미출간)

우리말로 번역본이 출간되어 있지는 않지만, 서평에서 중요하게 다뤄졌고 한병철의 성과사회의 핵심을 이루는 문제, 즉 현대 사회의 주체가 겪는 '자아의 소진' 및 '우울증'을 우리 시대의 대표 질병으로 다루는 논의에 불씨를 지핀 선구적인 시도가 담겨 있는 책이다.

『감시와 처벌: 감옥의 탄생』 미셸 푸코 지음, 오생근 옮김, 나남, 2020

서평에서 중요하게 다루어진 규율사회에 대한 고전적인 분석이 전개되고 있는 저작. 한병철이 자신의 시대 비판과는 분명하게 차별화되는 것으로 선을 긋지만 그로부터 매우 깊은 영향과 영감을 받았음에 틀림없는 작품이기도 하다. 그러므로 푸코의 이 저작과 한병철의 작품들을 한데 놓고 두 사상가의 유사성과 차이를 반추해 보며 함께 읽으면 매우 생산적인 독해가 될 수 있다.

『타자의 추방』 한병철 지음, 이재영 옮김, 문학과지성사, 2017

오늘날 주체들이 타자와의 친밀한 결속과 유대를 상실한 채 홀로됨의 고립 속에서 살아가고 있음을 유려하게 보여 주는 책이다.

생명과 더불어 세계 만들기의 이미지 — 〈고독의 지리학〉

김은주

재클린 밀스의 〈고독의 지리학〉 포스터.(출처: 다음 영화)

세이블 섬

제5회 서울동물영화제에서 재클린 밀스(Jacquelyn Mills) 감독이 연출한 〈고독의 지리학(Geographies of Solitude)〉(2022)을 보았다. 〈고독의 지리학〉은 세이블 섬과 그곳의 유일한 거주자인 환경 생태 연구자 조이 루커스(Zoe Lucas)의 행보를 기록한 다큐멘터리다. 이 영화는 2022년 독일 베를린국제영화제와 캐나다 핫독스 국제다큐멘터리영화제 등을 통해 공개되었고, 올해 봄에 전주국제영화제 국제경쟁 부문에서 대상을 탔다.

영화의 촬영 장소이자 사실상 영화의 주인공이기도 한 세이블 섬은 캐나다 노바스코샤의 해안에서 약 156킬로미터 떨어진, 가늘고 긴 초승달 모양의 모래톱에 가까운 작은 섬이다. 이 섬의 총 길이는 42킬로미터에 이르지만 폭은 가장 넓은 곳이 2킬로미터에 불과하다. 프랑스어로 '모래'라는 뜻인 'saber'에서 이름을 가져온 세이블 섬에는 야생마가 살고, 매년 회색바다표범과 다양한 종의 조류들이 찾아온다. 그뿐 아니라, 희귀한 동식물이 서식하여 국립공원 보호 지역으로 지정되었다. 북대서양에 위치한 세이블 섬의 기후는 한 해 내내 변화무쌍한데, 아주 춥기도 하고 정말 덥기도 하며 연중 125일 안개가 껴 있다. 7월과 8월이 지내기에 가장 좋은 달이라 알려져 있다. 날씨 역시 하루에도 몇 번씩 극도로 변덕스럽게 달라져서 사람이 오래 거주하기 쉽지 않다.

노바스코샤 예술 디자인 대학을 다니던 조이 루커스는 그저 세이블 섬의 말이 보고 싶어서 1971년에 처음 이 섬에 왔고, 다시 탐사대와 함께 찾아와 머물렀다. 이후 모든 이가 떠난 세이블 섬에 지난 40년 동안 홀로 남아 섬에서 일어나는 일들을 관찰하고 기록하며 살아 왔다.

기록과 저장

조이 루커스의 마음을 끌어당긴 세이블 섬의 야생마는 18세기 초에 한 상인이 캐나다 본토에 팔기 위해 방목한 때부터 섬에 살았다 한다. 돌보는 이가 사라진 뒤, 150-250마리였던 말의 개체 수가 450-500마리로 늘어났고, 말들은 어느새 야생마가 되었다.

루커스가 섬에 머물며 주로 하는 일은 말 개체군의 삶을 관찰하고 문서로 남기는 작업이다. 그는 말 개체 각각의 모습과 변화, 행동을 노트에 쓰고 그리

재클린 밀스의 〈고독의 지리학〉.(출처: 다음 영화)

기도 한다. 말의 분뇨를 분석하는 일도 중요한 일과이다. 이를 위해 그는 10년의 기간 동안 배낭에 총 2,700킬로그램 무게의 말 분뇨 덩어리를 직접 메고 다녔다. 수집한 분뇨에서 말이 먹은 초목과 곤충 그리고 회충의 정보를 알아내고 집으로 돌아와 컴퓨터를 켜고 프로그램으로 기록을 수치화한다.

세이블 섬에는 5만 마리의 회색바다표범이 12월 말부터 2월 초 사이에 머물며 다음 세대를 준비한다. 루커스는 매년 찾아오는 바다표범의 생애 주기 역시 기록한다. 그뿐 아니라 새, 곤충, 동식물, 날씨에 이르기까지 세이블 생태계의 변화를 알아차리고 기록하고 문서화한다. 그리고 1980년대부터 섬의 해변으로 끝없이 밀려오는 크고 작은 쓰레기와 미세 플라스틱에 대한 정보도 모은다.

쓰레기는 북아메리카와 태평양 주변의 여러 나라에서 밀려왔다. 주로 썩지 않은 쓰레기가 해변에 도달한다. 선거 홍보, 국경일, 크리스마스 등 기념일을 알리는 풍선, 다양한 용도의 플라스틱병과 라벨, 낚시 도구, 그물, 작은 알갱이로 퇴적한 미세 플라스틱, 바다에 버린 온갖 것……. 이 전부를 루커스는 할 수 있는 한 모아서 깨끗하게 씻어 말린다. 찬찬히 각각의 쓰레기를 식별해 번호를 매기고 쓰레기의 정보를 분류, 정리, 저장한다. 어떤 해양 쓰레기는 루커스가 간직한 크리스털과 메달 등과 함께 엮여 예술품이 되기도 한다.

고요와 연결

그곳에 머물며, 수집하고 기록하고 문서화하는 조이 루커스의 삶은 고독할까?

바람이 쓸고 가는 자리마다 시시각각 변하는, 커다란 모래 언덕 같은 세이블 섬이 아름답게 느껴지는 이유는, 오랫동안 머문 루커스와 세이블 섬이 맺는 관계 때문이다. 바람이 뒤흔드는 수풀에 몸을 누이고선, 루커스는 풀의 움직임이 마치 푸른 물결과도 같아 일렁이는 바다에 있는 기분이라며 웃는다. 그는 자연의 다채로운 변화와 그로부터 솟아오르는 리듬과 반복을 느끼고 즐긴다.

하지만 감독 밀스는 루커스를 신비화하거나 화면에 앞세우지 않는다. 영화는 루커스가 기록하고 분류한 것, 세이블 섬의 모래 바람, 바다 위로 불어오는 눈보라, 파도의 기나긴 행렬, 예전에 필름으로 촬영한 세이블 섬의 옛 모습을 보여 줄 뿐이다. 밀스가 어린 시절에 봤던 티브이에서 잠시 등장한 젊은 시절 루커스의 모습이 담긴 푸티지(footage)* 영화에 등장하기는 하지만, 루커스는 화면에서 비껴서 보이스 오버 내레이션이나 감독인 밀스와 이야기를 나누는 목소리로 나온다. 루커스의 얼굴은 카메라에 잘 등장하지 않는다.

루커스가 대부분의 시간을 다른 인간과 떨어져 홀로 보낸다는 점에서 말 그대로 '고독'할 수 있겠다. 그러나 영화는 인간 행위자로서 루커스의 고독

* 필름 길이 단위인 피트(Feet)의 단수형인 Foot에 -age가 붙어 만들어진 단어로, 원래는 필름 조각을 뜻했으나, 이후 영화나 영상의 미편집본을 의미하거나 영상과 영화의 일부로 쓰이고 있다.

에 대해 세이블 섬이라는 장소를 감각적으로 경험하고 몰입하게 하는 '고요'와 '연결'의 측면에서 접근한다.

관계의 얽힘에서 주의 기울이기로

음악 크레딧에는 세이블 섬에 사는 달팽이와 명주딱정벌레가 이름을 올렸다. 〈고독의 지리학〉에는 풀줄기를 기어오르는 곤충과 바람에 흔들리는 식물의 움직임에서 나오는 전자파로 만든 음악이 흘러나온다. 세이블 섬을 촬영하면서 밀스는 "자연 세계가 어떻게 영화를 만들 수 있을까?"를 고민하며, 아이슬란드에 있는 예술가와 다양한 실험을 해왔다.

살아 있는 유기체와 접촉한 전극은 전류로 바뀌어 MIDI(Musical Instrument Digital Interface)로 만들어져 음으로 연주된다. 이 음악은 살아 있는 존재의 정동의 패턴을 전류로 전환해 방출한 것이다. 그리고 다양한 음향기기로 채집한 바다 건너 불어오는 바람 소리, 모래 언덕을 만들어 내는 모래들의 흩어짐, 풀의 흔들림과 바람 소리, 새와 벌레의 소리, 야생마의 말발굽 소리와 같은 세이블 섬 주변 환경의 음향으로 사운드 스케이프를 그려 내면서 관객으로 하여금 사운드 이미지로 세이블 섬의 초상을 감각

재클린 밀스의 〈고독의 지리학〉.(출처: 다음 영화)

하고 경험하게 한다.

〈고독의 지리학〉에 등장하는 실험적인 이미지는 생명과 더불어 만들어 낸 것이다. 감독은 필요한 경우에만 디지털을 사용하고 대부분은 16mm 아날로그 필름으로 촬영한다. 이 필름을 말의 머리털과 함께 별빛에 노출하기도 하고, 필름 현상에 해초를 이용한 무독성 유화제를 사용하기도 한다. 이러한 이미지는 세이블 섬의 독특함과 우연성에 영화 찍기를 맡기면서 말 그대로 세이블 섬의 생태 환경을 영화 자체의 물질적 존재에 각인한 결과물이다.

〈고독의 지리학〉은 다양한 종이 얽힌 세이블 섬이라는 생태계를 카메라의 촬영 대상이나 배경이 아니라 인간 행위자와 생태적·역사적·사회적으로 얽힌 관계의 그물망으로 이해한다. 이러한 영화 찍기는 세이블 섬의 비인간 행위자를 의인화하는 방식을 피하면서도, 그들을 무언가 할 수 있는, 역량 있는 존재로 구성하려는 실험이기도 하다. 이는 인간 행위자가 인간-비인간 다종적 얽힘과 의존 관계를 이해하려는 것이자, 안나 칭(Anna L. Tsing)이 말한 '주의 기울이기(attentiveness)'의 기예(art)로 이해될 수 있다.

재클린 밀스의 〈고독의 지리학〉.(출처: 다음 영화)

외로운 불사의 존재

세이블 섬을 가깝게 느끼면서 다정한 아름다움의 느낌이 피어날수록, 카메라가 살피는 세이블 섬의 생태계에 드리워진 기후변화의 징후에 좀 더 깊숙이 감응하게 된다. 루커스가 발견한 죽은 조류의 75퍼센트는 내장에 비닐과 플라스틱이 있었다. 기후변화의 속도에 따라 세이블 섬의 존재를 위협하는 모래 침식은 급속히 증가한다. 폐쇄공포증을 느끼게 한다고 루커스가 표현할 만큼, 세이블 섬 근방 바닷속 미세 플라스틱 오염은 충격적이다.

해변으로 밀려온 해양 쓰레기 중 거대한 전선 무더기는 그 크기 때문에 도저히 옮길 수 없었다. 20년간 섬을 굴러다니던 전선줄은 바닷가에 있다가 바닷바람과 모래 바람에 휩쓸려, 어느새 모래 언덕의 일부가 되었다. 그 위에 모래가 쌓이면 곧이어 수풀이 자라난다. 생태계에서 자연과 인공은 분리 불가능한 채 연속적이며 얽혀 있다. 다만 전선 쓰레기는 영원히 썩지 않는다. 전선 무더기는 합성과 분해를 거듭하며 함께 되는 생태적 세계 짓기에서 멀어진 채 홀로 불멸한다.

〈고독의 지리학〉에서 가장 고독한 것은 생명과 단절되어 썩지 않은 채 홀로 존재하는 플라스틱 쓰레기이다. 만약 인간이 꿈꿔 온 불멸이 생명의 연결과 완

재클린 밀스의 〈고독의 지리학〉.(출처: 다음 영화)

전히 분리되어 죽지 않는 존재가 되는 것이라면, 그것은 가장 끔찍하고도 외로운 불사의 영원일 것이다.

함께-되기

카메라가 초목에 쓰러져 죽은 말을 응시하고 있을 때 화면 밖의 루커스가 감독 밀스에게 묻는다. "말 때문에 감정이 동요되나요?" 〈고독의 지리학〉에서 루커스는 세이블 섬에서 태어나서 살아가고 죽음을 맞이하는 야생 동물의 삶과 생명의 순환을 이야기한다. 말의 죽음은 섬의 생태계로 돌아가 풀숲을 풍성하게 자라나게 한다. 이 풀은 다른 말의 먹이가 될 것이다.

루커스는 유한한 개체의 죽음과 연결된 생명의 순환과 생성을 이해하고 내재적인 물질적 삶을 그 자체로 긍정한다. 오랫동안 인간다움의 증표로 여겨진 비오스(bios)*가 아니라 삶이 자신의 이름 조이(zoe)와 같은 생명(zoe)이라는 사실을 안다. 지구상에 다른 존재와 완전히 구별된 존재로 인간을 특권화하는 관점에서 멀리 떨어져, 루커스는 도나 해러웨이가 설명한 퇴비(compost)로서의 인간, 무수한 시간성·공간성과 함께하는 존재의 내부 작용(intra-active)으로 얽힌 존재이자 부식토(humus)로서의 인간을 생각한다. 우리가 여기 함께 있기에, 공기를 마시고 내뱉고 지상의 것을 먹고 마신다. 우리는 물질의 연결망에 얽혀서 이 모든 것들과 더불어 존재한다.

* 서구 사상에서 정치 공동체로서 폴리스와 동일시되는 좋은 삶은 비오스로 불렸다. 비오스는 그리스인들이 삶(생명)을 두 가지 용어 조에와 비오스로 구분한 데에서 보통 그 의미를 찾는다. 비오스가 어떤 개인이나 집단에 특유한 삶의 형태나 방식을 가리킨다면, 조에는 모든 생명체에 공통된 것으로, 살아 있음이라는 단순한 사실을 가리킨다.

세이블 섬을 아카이빙하면서 자연-문화의 역사를 쓰는 조이 루커스와 이를 카메라로 담아낸 〈고독의 지리학〉은 기후위기와 생태계 파괴의 긴급한 문제 상황을 마주하고 자신의 할 일을 해내 간다. 매일의 삶으로 빚어내는 이 행위는 묵시록적 냉소가 아니라 여기 지금 우리가 쌓아 올린 두꺼운 현재 그리고 다종의 얽힘에서의 공동 제작인 공생(sympoeisis)에 참여하며 곤경과 함께 머무는 반려종(companion species)의 함께-되기(becoming-with)의 한 시도일 것이다.

김은주
철학 연구자. 서울시립대학교 도시인문학연구소에 연구교수로 있다. 『페미니즘 철학 입문』, 『여성-되기』, 『생각하는 여자는 괴물과 함께 잠을 잔다』 등을 쓰고 『디지털 포스트휴먼의 조건』 등을 함께 썼다. 번역한 책으로는 『변신』 등이 있다.

『한 장의 잎사귀처럼』 도나 해러웨이·사이어자 니콜스 구디브 지음, 민경숙 옮김, 갈무리, 2005

〈고독의 지리학〉의 조이 루커스와 재클린 밀스의 관계 맺음처럼, 도나 J. 해러웨이와 예술비평가인 사이어자 니콜스 구디브가 친근한 말로 대화하며, 해러웨이의 이론이 나오게 된 배경과 상황을 함께 나눈다. 세계와 얽혀 있는 겸손한 목격자로서 인간 행위자의 위치를 사유해 볼 수 있다.

"제가 요구하는 진정한 겸손한 목격자는 상황적임을 고집하는 사람이에요." — 책 속에서

『다정한 서술자』 올가 토카르추크 지음, 최성은 옮김, 민음사, 2022

2018 노벨 문학상 수상 작가 올가 토카르추크가 처음으로 쓴 에세이이다. 토카르추크는 다음과 같이 말한다. "우리는 더 이상 '비온트(biont, 생리적 개체)'가 아니라 '홀로비온트(holobiont)' 즉 전 생명체"이며, "서로 공생하는 다양한 유기체의 결합물"이다. 세이블 섬과 조이 루커스가 맺는 관계를 이해하며 함께 읽기에 말 그대로 다정한 책이다.

"최근 몇 년 동안 인간의 본질을 인식하는 데 영향을 미친 가장 중요한 발견 중 하나는 다음과 같은 내용이다. 인간의 유기체는 물론이고 동물과 식물의 유기체 또한 나름의 진화 과정에서 다른 유기체와 상호작용하고 있으며, 결국 모든 유기체는 서로 긴밀하게 의존하고 있다는 것이다." — 책 속에서

리뷰

서울리뷰오브북스

Seoul Review of Books

『이상한 변호사 우영우 1, 2』
문지원 지음, 김영사, 2022

자폐인 변호사라는 실험

장하원

‘진짜’ 자폐인과 자폐인 캐릭터 사이에서

2022년 여름 방영된 〈이상한 변호사 우영우〉는 ‘착한 드라마’로 불리며 우영우 신드롬을 일으켰다. 자폐성 장애를 지닌 주인공이 대형 로펌에 입사해 갖가지 사건들을 맡아 해결해 가는 과정이 많은 시청자를 매료시켰다. 종영 후 문지원 작가는 이를 두 권의 대본집에 담아 출판했는데, 책으로 다시 보니 총 16화의 내용이 매우 짜임새 있게 구성되어 있었다. 회차마다 새로운 사건이 등장하는데, 저자는 중증 자폐인, 영세한 기업체, 탈북 싱글맘, 지역민, 어린이, 지적 장애인, 해고 노동자 등을 사건의 당사자로 내세워 우리 사회의 민감한 문제들을 고루 다룬다. 다양한 소수자의 입장을 법정에서 균형 있게, 그러면서도 뻔하지 않게 대변해 냈기 때문에 인기가 높아졌겠지만, 이 서평에서는 법정물로서의 매력보다는 자폐인 우영우의 직장 생존기에 초점을 맞추려고 한다.

'이상한'이라는 형용사로 표현되는 '자폐성'은 우영우 캐릭터의 가장 중요한 특징이다. 대본은 우영우의 아버지가 의사로부터 다섯 살 딸이 '자폐성 장애'를 가졌다는 말을 듣는 장면으로 시작한다. 현재 자폐인을 묶는 의료적 범주는 '자폐스펙트럼장애'로, 법적으로는 '자폐성 장애'라는 용어가 주로 쓰인다. 정신의학에서 자폐스펙트럼장애는 두 가지 증상 영역, 즉 사회적 의사소통 및 상호작용에서의 지속적인 결함, 그리고 행동과 관심이 제한적이고 반복적인 양상으로 나타나는 것이 특징이며 이는 발달장애의 한 종류로 규정된다. 이러한 뇌 발달 장애는 유전적 소인을 강하게 지니며, 평생 지속되는 장애로 개념화되어 있다. 따라서 우영우처럼 어느 시점에 의사로부터 자폐성 장애로 진단되었다면, 이후 훈련이나 교육을 통해 여러 증상이 완화되더라도 뇌와 유전자의 차원에서는 그 특징이 남아 있다는 점에서 자폐성 장애인에 속한다.

흥미로운 점은 이 드라마가 나오면서 우영우가 '진짜' 자폐인인지 논란이 일어났다는 것이다. 극 중 우영우는 법조문을 줄줄 외우고 한 번 보거나 들은 것은 잊어버리지 않는 천재적인 면모를 보인다. 이처럼 뇌 기능 장애를 지니면서도 특정 영역에서 뛰어난 능력을 나타내는 서번트 증후군은 전체 자폐인 중 매우 소수에 불과하다는 통계적 사실을 근거로, 이러한 캐릭터가 자폐인 집단을 대표하지 못하며 오히려 오해를 심화시킨다는 비판이 제기되었다. 자폐인과 함께 살아가는 가족 구성원들이 실제로 경험한 장애에 대한 증언들은 이러한 비판에 근거로 보태졌다. 그러나 다른 한편에서는 다양한 영역에서 두각을 나타내는 자폐인들이 예시로 꼽혔고, 미국 법조계에서 일하는 자폐인의 사례가 조명되기도 했다.*

---

* 드라마 방영 당시 일부 네티즌들이 자폐성 장애인이면서 미국 플로리다에서 변호사로 활동하

더 중요한 비판은 우영우가 지니는 어려움의 정도가 크지 않기 때문에 자폐성 장애인의 상황을 충분히 보여 주지 못한다는 것이다. 우영우처럼 서울대 로스쿨을 수석으로 졸업하고 대형 로펌에 입사하는 정도라면, 어색한 시선이나 어설픈 몸동작 등 몇몇 특성만을 캐릭터에 더해 자폐인으로 부각하는 것이 부적절하다는 것이다. 일각에서는 극 중 우영우 정도의 지능과 능력을 지닌 자폐인이라면 몸짓이나 어투를 꾸며 자폐인임을 드러나지 않게 감출 수 있다는 주장까지 나왔다. 우영우 같은 자폐인은 없다고 단정하는 것은 다소 지나쳐 보이지만, 이러한 지적은 '장애'의 의미를 다시 생각해 보게 해준다. 자폐스펙트럼장애를 진단하는 의학적 기준에는 주요 증상뿐 아니라 그러한 증상이 '사회적, 직업적, 또는 다른 중요한 현재 기능 영역에서 임상적으로 뚜렷한 손상을 초래한다'라는 점이 포함된다. 뇌의 이상, 즉 장애(disorder)는 실제 사회생활에서 어려움으로 이어질 때 개인의 불능, 즉 장애(disability)로 진단된다. 이런 기준을 고려한다면, 몇몇 증상뿐 아니라 그로 인해 우영우가 일상에서 겪는 어려움과 불리함이 일정 수준 이상일 때 장애가 된다는 점을 명확히 할 수 있다.

이름표를 넘어서는 성장의 서사

이렇게 자폐인인 변호사가 존재할 수 있는지 따지는 것은 소모적이지만, 이는 저자가 우리에게 던진 질문이기도 하다. 작가 인터뷰에서 저자는 주인공이 변호사로서 갖는 직업적 약점과 강점 모두를 자폐성 장애의 특성

는 헤일리 모스(Haley Moss)를 우영우의 실사판으로 꼽았고, 몇몇 언론을 통해 그녀에 대한 인터뷰가 보도되었다.(「'우영우' 실제 모델 헤일리 모스 인터뷰 해보니」, 《YTN》, 2022년 8월 5일자.)

안에서 찾았다고 밝혔다.* 자폐인 중에는 '시각적 사고'에 크게 의존하는 사람의 비중이 높다고 알려져 있는데, 이들은 무엇이든 사진을 찍어 저장하듯 기억하는 '포토그래픽 메모리'라는 특출한 능력을 갖기도 한다. 우영우 역시 그러한 사고방식으로 방대한 양의 법조문을 다른 사람들보다 훨씬 잘 기억하고 인출해 낸다. 반면, 우영우 특유의 몸짓과 어투는 자폐인임을 드러내며 때로는 변호사로서의 자질과 변론의 신뢰도에 부정적인 영향을 미친다. 여기에 더해, 저자는 '자기 안에 갇혀 있다'라는 '자폐'의 말뜻을 빌려와, 우영우의 가장 큰 특징이자 약점이 타인의 생각과 감정을 이해하기 어려워한다는 것이라고 강조한다. 이런 사람이 '남의 입장을 헤아려 변호하는 일'을 하겠다고 하니, "과연 자폐인은 변호사가 될 수 있을까?"라는 질문을 던지지 않을 수 없다.(『이상한 변호사 우영우 1』, 8쪽)**

이렇게 보면, 우영우가 직업 세계에서 적응해 가는 서사는 장애인이라는 이름표에 딸려 오는 통념들을 벗어나는 과정이기도 하다. 우선 저자는 우영우가 흔히 말하는 자폐인의 특성인 비사회성과 공감 능력 부재를 직업적 실천을 통해 넘어서는 모습을 보여 준다. 법정에서는 범죄의 의도를 따져 죄명을 정하기 때문에, 우영우는 사건마다 타인의 마음을 읽는 실습을 하게 된다. 처음 맡은 사건에서 우영우가 변호해야 하는 사람은 남편을 죽이고 싶다면서도 잠든 남편이 깰까 봐 커튼을 쳐주고 목소리를 낮추는 부인이다. '남편을 죽이고 싶은 마음이 들었다'라는 부인의 진술은 검사에게 살인미수죄의 근거가 되지만, 우영우는 의뢰인의 말과 행동을 대

---

* 임수연, 「'이상한 변호사 우영우' 문지원 작가 인터뷰 ①」, 《씨네21》, 2022년 9월 1일. (http://www.cine21.com/news/view/?mag_id=100846)

** '자폐(自閉)'라는 한자어의 의미가 자폐인의 상태를 설명하기에 적절하지 않다는 비판은 이미 자폐인옹호단체, 의학계 등에서 제기되었다. 하지만 여기서는 주인공의 장애의 특성과 직업이 요구하는 특성을 대비하기 위해 쓰였다는 정도로 이해하고자 한다.

조하며 상대의 의중과 사건의 맥락을 파악한다. 또 다른 사건에서는 중증 자폐인인 피고인과 소통하기 위해, 상대가 좋아하는 '펭수'를 매개로 대화를 시도하고 그의 눈높이에서 세상을 바라보다가 중요한 증거를 찾아낸다. 또한, 어린이 납치범으로 기소된 피고인이 실은 어린이를 끝없는 학습으로부터 해방시켜야 한다는 사상을 지닌 사상범이라는 독특한 변론을 펼치며, 피고인이 망상 장애라고 주장하며 형량을 낮추기보다는 피고인의 목표와 사상을 법정에서 변호한다.

이에 더해, 저자는 우영우가 의뢰인의 법적 권리뿐 아니라 인간으로서 누려야 할 자유를 보장하려고 힘쓰는 가운데 우영우 개인의 주체성을 확립해 가는 과정을 흥미롭게 보여 준다. 아버지에게 등 떠밀려 원치 않는 정략결혼과 파혼 피해 소송의 당사자가 된 의뢰인을 변호하게 되자, 의뢰인 스스로 결혼과 소송을 그만둘 수 있도록 도우면서 동시에 자신 역시 아버지로부터 독립해야 함을 깨닫는다. 또한, 지적 장애 여성을 성폭행한 혐의로 기소된 남성을 변호하는 과정에서, 그가 상습적으로 장애 여성을 노리는 '나쁜 남자'든 아니든 장애인 또한 자신이 사랑할 대상을 선택할 권리가 있다고 주장한다. 사건 당사자인 여성에게 자신이 경험한 것이 사랑이었는지 성폭행이었는지 판단할 기회를 주면서, 우영우 자신 또한 연인과 관계 맺는 방식을 스스로 고민하고 결정한다.

이러한 개인적 성장은 변호사로서의 직업적 성장과 맞물려 있다. 두 ATM 회사의 저작권 소송 사건과 대기업의 부당 해고 소송 사건을 다루는 회차에서는, 법정 드라마의 일반적인 플롯과 달리 우영우는 상대적으로 정의롭지 않은 편의 변론을 담당한다. 이 과정에서 우영우는 '소송에서 이기는 유능한 변호사'와 '진실을 밝히는 훌륭한 변호사' 사이에서 갈등한다. 이런 사건들을 거치며 우영우는 의뢰인의 권리와 이익을 위해 법을 활용하는 '법 기술자'가 되기보다는, '변호사는 기본적 인권을 옹호하고 사회 정의를 실현함을 사명으로 한다'라는 변호사법 조항에 맞는 변호를 지향한다. 결국 마지막 사건에서 우영우는 미성년자의 자백 영상을 증거물로 확보하지만, 이를 활용해 손쉽게 소송에서 이기는 대신 미성년자의 사생활을 보호하면서도 사건을 해결하는 새로운 방식을 찾는다. 그의 성장을 곁에서 지켜본 상사의 말대로 우영우는 '그냥 보통 변호사가 아닌', 자신만의 원칙과 전문성을 지닌 변호사가 된 것이다.

몸의 차이가 장애로 이어지지 않으려면

드라마 속에서 자폐인이면서 변호사라는 얼핏 불가능해 보이는 일이 가능했던 이유에 대해 많은 사람들이 우영우 주변인들의 수용과 지지를 꼽았다.* 이 드라마의 판타지는 자폐인 변호사 자체가 아니라 그를 기꺼이 지지하는 주변인들이 포진한 환경이라는 말도 나왔다. 맞는 말이다. 우영우를 큰 편견 없이 팀원으로 인정하고 일을 배분하는 상사, 우영우의 소통 방식에 맞춰 공적·사적 관계를 이어 가는 동료들이 없었다면 우영우는 이처럼 활약하기 어려웠을 것이다. 그러나 우영우가 자폐인을 대변할 수 있느냐는 비판이 나올 정도로 장애의 정도가 경미했다는 점을 상기한다면, 드라마 속 주변인들이 비현실적이라는 진단은 서글프기까지 하다. 우영우의 '이상함'은 지나치게 '무해'하고, 그래서 그것을 받아들이는 데는 그리 큰 노력이 들지 않는다. 문 열고 들어오기 전 셋을 세는 시간, 어색한 시

---

* 김준혁, 「우영우에겐, 장애를 장애로 만드는, 장애가 없다」, 《한겨레》, 2022년 7월 25일.(https://www.hani.co.kr/arti/science/science_general/1052204.html); 최영권, 「우영우보다 우영우 주변 인물이 더 판타지 같아」, 《서울신문》, 2022년 7월 29일.(https://www.seoul.co.kr/news/newsView.php?id=20220729500168)

선과 단조로운 억양, 이상한 자기소개, 불쑥 튀어나오는 고래 이야기, 비폭력적인 형태의 감각붕괴(meltdown). 이 정도의 차이조차 견디지 못하는 사람들 앞에서 우영우는 얼어붙지만, 이러한 특성을 그 사람의 (잠재적) 능력과 연결 짓지 않는 사람들 속에서 우영우의 '이상함'은 전문성과 창의성으로 발휘된다.

다시 저자의 질문으로 돌아가 보자. 이 대본집은 자폐인 우영우가 어엿한 직업인으로 살아갈 수 있을지 실험해 보는 과정이 기록된 연구 노트이다. 일단 드라마에서 이 실험은 성공했다. 경미하게 설정된 주인공의 장애와 특출난 능력, 그리고 착한 조연들 덕분이다. 이제는 우영우 실험이 남긴 잔상과 질문들에 집중할 시간이다. 좋은 조건이 갖추어졌을 때, 직업 세계에서 비장애인이 성장하듯 장애인도 성장하며 즐거움과 성취감을 느낄 수 있었다. 그러나 드라마가 아닌 현실에서 우영우는 공동체의 일원으로 살아갈 수 있을까? 우영우와는 다른 자폐인, 다른 장애인이라면 어떨까? 현실의 자폐인과 장애인이 사회에서 직업인으로 살아가기 위해서는 어떤 조건이 마련되어야 할까?

이런 질문들에 답하기 위해서는 이 드라마를 계기로 삼아 실제 현장에서 쏟아진 의견들에 귀 기울여야 할 것이다. 우선, 장애인 당사자들이나 가족들은 우영우라는 캐릭터에는 열광하면서도 정작 주변의 장애인을 이웃으로 받아들이지 못하는 사람들의 모습에 씁쓸해했다.* 우영우를 대표로 세워 사회에 무해하면서도 도움이 되는 장애인만을 재현하는 것은, 사회가 바뀌기보다는 장애인 개인에게만 자신의 한계를 극복할 책임을 지

* 김상희, 「우영우엔 열광하지만 '이웃 장애인은 싫다'는 사람들」, 《비마이너》, 2022년 7월 27일. (https://www.beminor.com/news/articleView.html?idxno=23730); 류승연, 「'우영우'에 빠진 여러분, 장애인은 '무해' '유익' 입증해야 할까요?」, 《한겨레21》, 2022년 7월 22일. (https://www.hani.co.kr/arti/culture/culture_general/1051996.html)

우게 될 위험이 있다. 여기에 더해, 우영우의 차이를 장애로 만들지 않는 '사회적' 조건들이 주로 착한 개인들이 제공하는 사적 관계에 기반하고 있다는 비판도 제기되었다. 직장이라는 공적인 공간을 배경으로 함에도 불구하고, 자폐인이 적절히 노동할 수 있는 조건은 공적 제도가 아니라 좋은 상사나 친구, 연인과 같은 사적 관계에 의존하고 있다는 것이다.* 이러한 비평들은 장애가 개인의 특성이면서 동시에 '사회적 상태'라는 것을 강조하며, 장애인 개인이 아닌 비장애중심주의의 사회가 바뀌어야 한다고 힘주어 말한다. 〈이상한 변호사 우영우〉를 판타지로 남겨 두지 않으려면, 이제 우리 사회가 어디까지 변화하고 성장할 수 있을지 질문하고 실험해야 할 것이다.

* 안희제, 「우영우가 침묵한 것」, 《비마이너》, 2022년 8월 19일.(https://www.beminor.com/news/articleView.html?idxno=23818)

장하원
서울대학교 과학학과에서 과학기술학을 전공했다. 현재 부산대 한국민족문화연구소에 소속되어 코로나19부터 발달장애까지 우리 사회의 질병과 장애 경험에 대해 연구하고 있다. 공저로 『겸손한 목격자들: 철새·경락·자폐증·성형의 현장에 연루되다』, 『마스크 파노라마』 등이 있다.

『낯설지 않은 아이들(*Unstrange Minds*)』 로이 리처드 그린커 지음, 노지양 옮김, 애플트리태일즈, 2008

인류학자이자 자폐인 딸을 둔 아버지가 역사적으로, 또 문화적으로 자폐증에 대한 해석이 달라지는 것을 보여 주면서, 장애의 경험에 문화가 미치는 영향을 드러낸다.

"자폐증은 다른 모든 장애처럼 문화와 아무런 상관없이 존재하는 게 아니다. 무언가를 비정상적이거나 잘못된 것이라고 판단하고 거기에 이름을 붙이고 그것을 위해 무언가를 하는 것은 문화이며 모든 문화는 질병을 다르게 받아들인다." — 책 속에서

『나의 뇌는 특별하다(*The Autistic Brain*)』 템플 그랜딘·리처드 파넥 지음, 홍한별 옮김, 양철북, 2015

저명한 동물학자이자 자폐인 당사자인 템플 그랜딘이 자신의 뇌를 뇌과학적으로 탐구해 자폐인의 뇌의 특징과 독특한 사고 방식에 대해 풀어놓는다.

"자폐인이 일반인보다 세부적인 것을 파악하는 데 뛰어나다는 이야기를 했었다. 이런 성향을 잘못된 배선의 부산물이 아니라 그냥 어떤 배선의 산물이라고 바라본다면 어떤 상황에서는 이 성향이 이득을 줄 수 있음을 알게 된다. (……) 자폐성 뇌 하나하나, 강점 하나하나를 개발하면, 자폐인 청소년과 성인들의 취업을 사회적 배려로 바라보는 게 아니라 사회에 소중하고 반드시 필요한 기여를 할 기회로 볼 수 있다." — 책 속에서

『녹스』
앤 카슨 지음, 윤경희 옮김, 봄날의책, 2022

애도와 번역의 퍼포먼스

민은경

보지 못(할 뻔)한 책

이런 책을 본 적 없다. 회색 상자에 담긴 책. 상자는 책 모양을 하고 있다. 책을 펼치듯 상자의 오른쪽 면을 들어 올리면 상자가 스르르 열린다. 오른쪽에 차곡히 쌓인 종이가 보인다. 습관대로 종이의 오른 면을 잡고 왼편으로 넘기다 보면 상자 속의 책이 한 장의 긴 종이를 여러 번 접어 만든 아코디언 형태로 이루어졌음을 알게 된다. 이것은 스크랩북의 복사물이고, 원본은 실로 꿰맨 공책이었던 듯. 종이 이음새의 실 자국이 선연하다. 종이, 사진, 옛 편지 등을 덧붙이고 그 위에 낙서도 했는데, 풀 자국, 스테이플러 심 자국이 어찌나 잘 보이는지 손에 만져질 것만 같다. 종이를 넘기는 재미에 끝까지 넘기다 보면 맞닥뜨리는 마지막 장. 인쇄된 활자가 다 지워져 더 이상 읽을 수 없게 돼 버린, 누렇게 바랜 종잇조각이 덩그러니 검은 종이에 풀칠되어 있다. 그렇게 다시 첫 장으로 돌아와 읽기 시작한다. 앤 카슨, 녹스. 라틴어로 밤.

이 책을 우리는 보지 못할 뻔했다. 기묘한 사연은 다음과 같다. 카슨은 이 책을 출판할 생각을 전혀 안 하다가 독일의 한 출판인이 책을 똑같이 복사해 보겠다고 해서 빌려주었다고 한다. 그 후 출판인과의 연락이 두절되었다. 오빠가 행방불명된 사연에 대한 이 책이 행방불명된 것이다. 책을 영원히 잃어버렸다고 생각한 카슨에게 3년 후에 갑자기 별 설명도 없이 책이 다시 배달되었다. 그때 이 책을 출판하기로 마음먹었다. 다시 잃어버리지 않기 위하여.

이는 카슨이 2011년에 아일랜드에 갔을 때 《아이리시 타임스(*Irish Times*)》와 한 인터뷰에서 밝힌 이야기다.* 인터뷰에서 카슨은 이런 말도 했다. 『녹스』는 오빠의 죽음을 슬퍼하는 작품이 아니라고. “It’s not about grief.” 슬픔에 관한 책이 아니라고? 그러나 카슨은 이 작품 도입부에서 “나의 비가(my elegy)”(1.1)라는 표현을 분명하게 쓰고 있고,** 정확히 이 책의 절반을 카툴루스가 동생의 묘지 앞에서 읊은 유명한 비가(悲歌) 101번에 할애하고 있으며, 이 책은 그 겉모습부터 작은 묘비처럼 나직하고 두툼하고 어둑하다. 『녹스』는 가족을 떠나 22년을 해외에서 방랑한 오빠를 죽을 때까지 기다리던, 집 앞에서 차 소리만 나도 혹여 아들이 왔나 싶어 고개를 들던 엄마의 슬픈 사랑으로 가득하다. 어린 시절부터 총명하

---

* Anne Carson, “Evoking the starry lad her brother was”, interview by Parul Sehgal, *The Irish Times*, March 19, 2011.

** 『녹스』에는 쪽수가 없다. 카슨은 쪽수 대신 각 절에 1.1, 1.2, 1.3 등 번호를 붙여서 구분한다. 번호가 없는 절도 많다. 따라서 인용 시 절 번호가 있을 경우 표기하되, 없을 경우 생략한다.

고 성적이 좋았던 앤을 "교수님"(5.1)이라고 놀리던 오빠는 각종 비행을 일삼다 마약사범이 되어 캐나다에서 추방당한 이후 가족과 연락을 끊었다. 기다림에 지쳐 아들이 죽었다고 결론 내리고 긴 애도에 들어간 엄마. 오빠가 그 오랜 세월 동안 전 지구를 떠돌며 엄마에게 보낸 유일한 편지를 엄마는 숨을 거두는 순간까지 마음에서 놓지 못했다. 사랑하던 여자친구 애나가 죽고 나서 슬픔에 "미쳤"다며 엄마에게 보낸 오빠의 절절한 편지. 엄마에게 "사랑해요, 사랑해요", 인사를 두 번 반복한 편지. 엄마가 애도한 오빠는 애나를 애도하고 있었다. 그림 안의 그림, 거울 속의 거울. 슬픔이 사랑한 슬픔, 애도의 미장아빔(mise en abyme).

그럼에도 이 책이 슬픔에 관한 책이 아니라고 카슨은 부연한다. 슬픔에 관한 책을 만들었다면 그 책은 자신에 대한 책이 되고 말았을 것이고, 그것을 원하지 않았다고. 대신, 이 책은 오빠를 알아가고 이해하기 위해 만든 책이라고. 그러나 장지도 묘비도 없이 바다에 묻힌 오빠를 알아가기 위해 쓴 이 책에 수집된 것은 오빠의 무언, "인간 존재의 근본적인 불투명함"(1.3), 다가갈 수 없음, 돌아갈 수 없음이다. 남들에게 알려지는 것을 원하지 않았던 오빠는 의도적으로 역사(history)를 남기지 않았다. 따라서 『녹스』는 오빠의 역사를 쓸 수 없음, 오빠의 알 수 없음에 다가가기 위한 노력을 기록한 책이며 오빠의 무언에 바친 편지다.

상실의 언어: 비가와 번역

앤 카슨은 시인이자 에세이스트이며 고전어 교수다. 사어(死語)라고 여겨지는 라틴어와 그리스어를 가장 현대적으로, 그리고 매혹적으로 번역하고 재해석하는 작가다. 사포, 아이스퀼로스, 소포클레스, 에우뤼

adyenio

advenio advenire adveni adventum

[AD+VENIO] (…에) 오다, (…에) 도착하다, 이르다; 일부러 찾아오다; 밖에서 오다, 수입되다; (배에 대해) 도착하다, 입항하다, (다른 사물들에 대해) 도달하다, 가져오다, …의 수중에 들어오다; (신체 상황에 대해) 생기다, 닥치다, 발병하다, 잇달아 일어나다; (날짜 또는 시간에 대해) 오다, 되다, (때에 이르러) 발생하다; *interea dies advenit* 그동안 날이 밝았다; *advenientes ad angulos noctis* 밤의 끝 모퉁이들에 이르러.

"밤의 끝 모퉁이들"로 마무리되는 'advenio(도착하다)' 해제. 카슨은 이 해제 옆에 엄마와 오빠 사진을 배치하고, 이어지는 여러 장에 외국으로부터 유일하게 '도착한' 오빠의 편지 조각을 콜라주하여 보여 준다. (출처: 『녹스』, 봄날의책 제공)

피데스 등의 고대 그리스 작가의 작품을 번역한 카슨은 그의 가장 자전적인 책 『녹스』에서 고대 로마 작가 카툴루스가 죽은 형제를 위해 쓴 비가 101번을 통해 애도를 번역으로 이해하고 번역이라는 행위로 풀어낸다. 이 시는 카슨이 고등학교 시절 라틴어를 처음 배울 때부터 반복해서 번역한 시로, 라틴어를 배우는 사람이라면 누구나 번역을 시도하는 교과서 같은 시다. 그렇지만 카슨은 익숙해질 대로 익숙해진 이 시를 무한히 낯선 텍스트로 다시 되돌려 놓는다. 『녹스』의 왼쪽 면은 카툴루스 시에 등장하는 단어 하나하나에 대한 뜻풀이가 사전 해제 형식으로 실려 있는데, 카슨은 관용구나 예시문의 형태로 거의 모든 단어의 뜻풀이에 교묘하게 'nox'라는 단어를 삽입해 독자를 밤으로 유인한다. 시어 하나하나에 들어 있는 심연, 밤.

카슨은 이 책의 주제를 다음과 같이 표현하기도 한다. "우리 모두가 고유의 독립된 언어라고 생각했을 때 타인과 타인의 역사를 어떻게 이해할 수 있을지에 관한 책이다."* 우리가 고유한 언어라면, 모든 타자는 외국어이며 우리는 오직 번역을 통해서만 타자에게 다가갈 수 있다. 『녹스』는 오빠라는 아득한 외국어를 번역한 작업, 그 영원한 낯섦을 존중하며 한 땀 한 땀 번역한 과정이다.

카슨이 번역을 이해하는 방식은 이 책의 형태에서 짐작할 수 있다. 번역은 퍼즐을 맞춰 가는, 몸으로 하는 작업이며, 일치를 향해 가지만 불일치에 익숙해지는 연습이다. 뒤지기, 메모하기, 수집하기, 자르기, 찢기, 풀로 붙이고 스테이플 해가며 종이와 종이, 텍스트와 텍스트를 맞대기, 덧대기. 많은 고대어 고전 판본은(Loeb Classical Library 판본이 대표적인 예다) 고대어 텍스트와 번역 텍스트를 서로 마주 보도록 배치하는데, 왼쪽 페이지(verso)에는 원문을, 오른쪽 페이지(recto)에는 번역문을 실어 독자가 두 텍스트를 쉽게 대조할 수 있게 한다. 이런 판본은 두 텍스트가 서로를 거울처럼 바라보게 해 '불일치한 일치'의 시각적 효과를 자아낸다. 독자는 번역문을 읽으면서도 원문을 의식하지 않을 수 없고, 길항하는 두 텍스트 사이에서 스스로 길을 찾아야 한다. 번역문은 하나의 예시로서 참조될 뿐, 독자는 스스로 번역하도록 유도된다.

---

* Anne Carson, 앞의 인터뷰. "It's about understanding other people and their histories as if we are all separate languages."

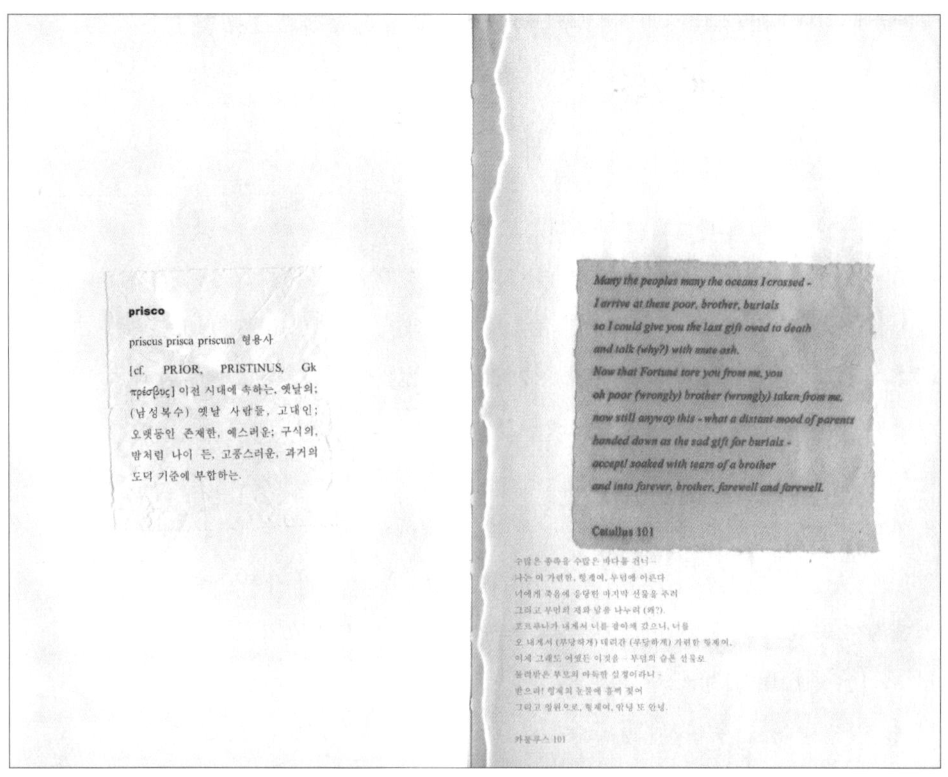

prisco

priscus prisca priscum 형용사

[cf. PRIOR, PRISTINUS, Gk πρέσβυς] 이전 시대에 속하는, 옛날의; (남성복수) 옛날 사람들, 고대인; 오랫동안 존재한, 예스러운; 구식의, 밤처럼 나이 든, 고풍스러운, 과거의 도덕 기준에 부합하는.

Many the peoples many the oceans I crossed -
I arrive at these poor, brother, burials
so I could give you the last gift owed to death
and talk (why?) with mute ash.
Now that Fortune tore you from me, you
oh poor (wrongly) brother (wrongly) taken from me,
now still anyway this - what a distant mood of parents
handed down as the sad gift for burials -
accept! soaked with tears of a brother
and into forever, brother, farewell and farewell.

Catullus 101

수많은 종족을 수많은 바다를 건너 -
나는 이 가련한, 형제여, 무덤에 이른다
너에게 죽음에 응당한 마지막 선물을 주러
그리고 무언의 재와 말을 나누러 (왜?).
포르투나가 내게서 너를 잡아채 갔으니, 너를
오 내게서 (부당하게) 데려간 (부당하게) 가련한 형제여,
이제 그래도 어쨌든 이것을 - 무덤의 슬픈 선물로
물려받은 부모의 아득한 심정이라니 -
받으라! 형제의 눈물에 흠뻑 젖어
그리고 영원으로, 형제여, 안녕 또 안녕.

카툴루스 101

카툴루스의 시 101번(오른쪽)이 실린 페이지. (출처: 『녹스』, 봄날의책 제공)

『녹스』를 펼치면 왼쪽 면에는 주로 카툴루스 시 101번의 각 단어에 대한 해제가, 오른쪽 면에는 오빠의 옛 사진이나 편지 등 오빠와 관련된 텍스트가 배치되어 있다. 이는 카슨이 카툴루스의 시를 오빠의 이야기로 번역했음을, 그리고 뒤집어서 오빠의 이야기를 카툴루스의 시로 번역했음을 암시한다. 고전은 가장 개인적인 이야기가 되고, 개인사는 고전이 된다. 두 텍스트의 연관성을 처음부터 이해하기란 쉽지 않다. 게다가 '원문'은 사전 주해와 같이 엄격한 형식을 띠는 반면, '번역문'은 어린아이의 스

크랩북처럼 자유롭게 종이와 사진, 그림, 페인트를 오리고 붙이고 덧붙이고 덧칠한, 자유롭고 심지어 장난스러운 공간이다. 어린 시절을 같이 했지만 그 이후에는 생이별한 오빠였기 때문일까, 오빠를 기억하는 공간에는 어린아이의 필체와 손길이 느껴진다.

몸으로 만들고 몸으로 읽는 책

카슨은 이 책을 쓰기보다는 '만들었다'고 말한다. 개인적인 스크랩북이었던, 한때 영원히 잃어버렸다고 생각했던 이 책이 독자가 안고 들고 만지고 펼칠 수 있는 아코디언북으로 재탄생한 데에는 시각예술가 남편 로버트 커리(Robert Currie)의 뛰어난 공간 감각이 한몫했다. 커리의 도움으로 이 책은 하나의 퍼포먼스가 되었다. 한 장의 긴 종이를 접어 만든 『녹스』의 뒷면은 백지다. 여덟 살배기 어린 학생들과 『녹스』를 가지고 워크숍을 할 때 카슨은 학생들에게 뒷면에 자신의 책을 만들어 보게 했다고 한다. 긴 계단 위에서 책을 한 번 떨어뜨려 보라고도 조언한다. 독자를 온몸으로 초대하는 책. 아직 해보지 않았지만, 『녹스』가 계단 위에서 폭포처럼 쏟아지는 상상을 해본다.

올가을 봄날의책에서 출간한 『녹스』의 한글본은 원본의 재질과 느낌을 놀라울 정도로 잘 재현한 매우 아름다운 판본이다. 원본보다 살짝 더 밝은 톤의 종이를 사용해 덧대어진 종이의 질감을 오히려 더 잘 표현하고 있다. 군데군데 들어간 물감의 색감이나 채도 역시 원본과 아주 가깝다. 카슨이 잘라서 붙여 놓은 오빠의 편지나 카툴루스의 시 등을 그대로 싣고, 작은 파란색 글씨로 우리말 번역을 제공해 원본의 느낌을 최대한 살리려고 애쓴 점도 무척 마음에 든다. 작품에 대한 경의 없이 이러한 기술력이 동원

되었을 리 없다. '시, 꿈, 돌, 숲, 빵, 이미지의 방'이라는 부제를 단 자전적 에세이집 『분더카머』의 저자이기도 한 윤경희가 번역을 맡아 충실하면서도 서정적인 번역본이 되었다. "한 낱말의 의미들 사이에서 배회하기, 한 사람의 역사 안에서 배회하기, 범람하는 빛을 기대하기란 소용없음. 인간의 말에는 중앙 스위치가 없다. 다만 어둠 속에서 납치한 그 모든 자잘한 것들." 아직 카슨에 입문하지 않은 독자에게 이 기회에 이 책을 열어 보라고, 느껴 보라고 권하고 싶다.

민은경
영문학자. 서울대학교 영어영문학과 교수로 재직하고 있다. 지은 책으로 *China and the Writing of English Literary Modernity, 1690-1770*가 있으며, 「타인의 고통과 공감의 원리」, 「홉스, 여성, 계약: 사회계약론에 여성이 있는가?」 등의 논문을 썼다. 문학과 철학 전반에 폭넓은 관심을 두며 연구하고 있다.

『남편의 아름다움(*The Beauty of the Husband*)』 앤 카슨 지음, 민승남 옮김,
한겨레출판, 2016

“아름다움은 진리이며, 진리는 아름다움(Beauty is truth, truth beauty)”이라고 말한 존 키츠의 시구에서 영감받은 책.
남편의 아름다움에 반해 결혼한 여인이 남편의 거듭된 외도 끝에 결별을 결심한다는 줄거리만으로는 설명하기 힘든, 역동적 문체의 시-소설. 욕망과 아름다움, 결혼과 애증이라는 묵은 주제를 현대적으로 풀어내어 현대시를 ‘갱신’했다는 찬사와 함께 카슨에게 T. S. 엘리엇 상을 안긴 수작.

“당신은 말하곤 했다. “욕망이 두 배면 사랑이고 사랑이 두 배면 광기야.”
광기가 두 배면 결혼이지
내가 덧붙였다
그 독설이 황금률을 만들 의도가 없는
무심한 것이었을 때.”

(「VIII. 어머니가 저게 무슨 소리냐고 물었을 때 그건 밤에 빨랫줄에 널린 빨래가 모음들을 펄럭이는 소리일 뿐이었다」) — 책 속에서

『유리, 아이러니 그리고 신(*Glass, Irony & God*)』 앤 카슨 지음, 황유원 옮김, 난다, 2021

에밀리 브론테의 삶을 생각하는 여인, 신의 아이러니를 캐묻는 화자, TV에 등장하는 헥토르와 소크라테스……. 시공간을 뛰어넘는 고전과 현대의 만남이 펼쳐지는 책. 여성의 목소리, 욕망, 영성(spirituality), 글쓰기에 대한 날카로운 사유가 빛난다.

“소녀들은 스스로에게 가장 가혹하다.
여인의 몸이 되었음에도 평생 소녀로 남았던
에밀리 브론테 같은 사람에게는
존재의 모든 틈에 봄눈 같은 가혹함이 쌓여 있었다.”

—「유리 에세이」 중에서

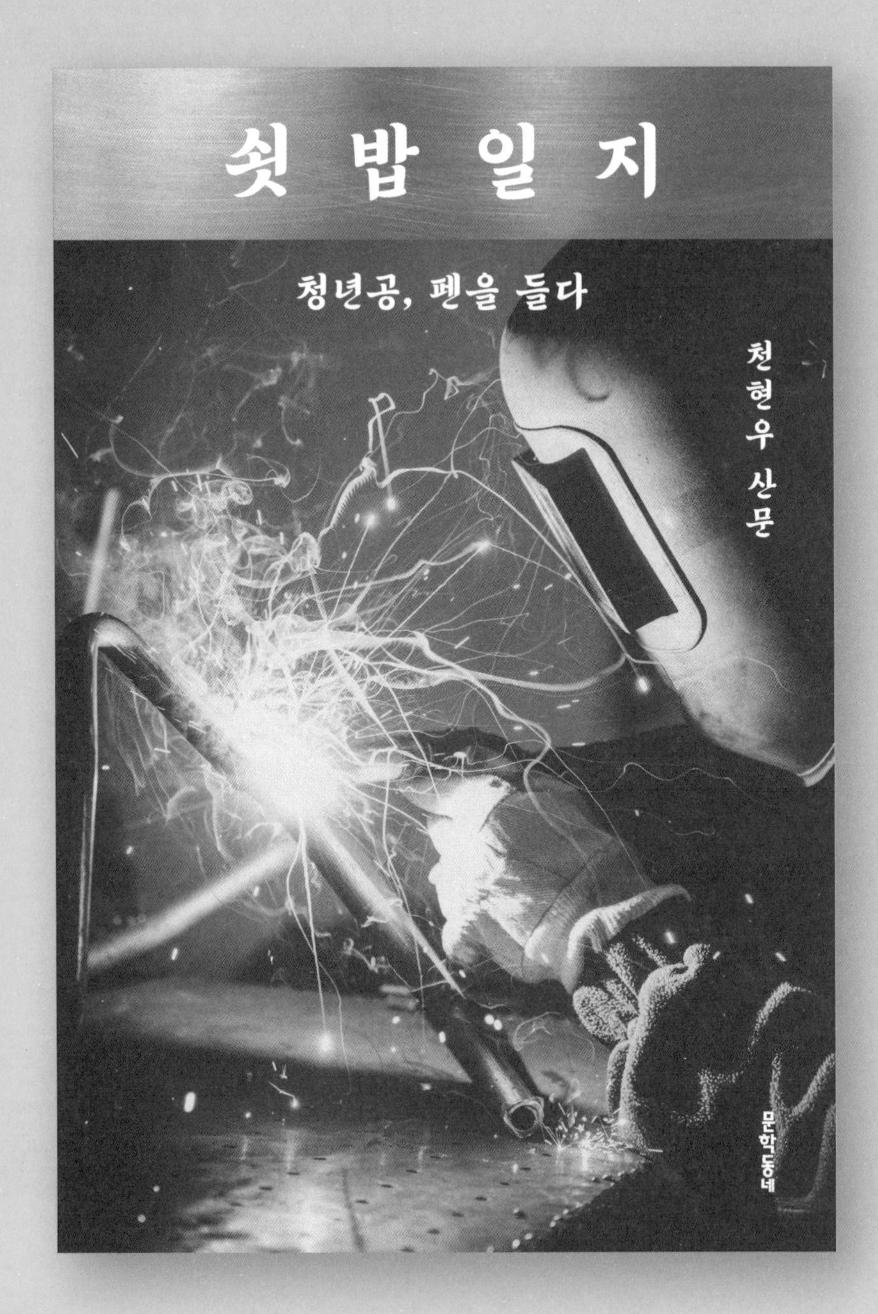

『쇳밥일지』
천현우 지음, 문학동네, 2022

노동자가 되기 위한 배움
— 숙련노동자에서 정동노동자로

김원

자기역사쓰기와 『쉿밥일지』

『쉿밥일지』는 이미 널리 알려진 책이다. 문재인 전 대통령이 "서둘러서 소개하고 싶은" 책으로 꼽아 화제가 된 한편, 저자 천현우의 칼럼*을 둘러싼 반페미니즘적 성격에 대해 온라인에서 논쟁이 되기도 했다. 그 외에도 이 책과 천현우 개인에 대한 인터뷰가 제법 많은 것으로 알고 있지만, 그 중 몇 가지만 살펴봤다. 너무 많은 이야기들이 『쉿밥일지』에 담겨진 생애사 경험과 서사를 더욱 이해하기 복잡하게 만들 수도 있지 않을까 하는 우려에서였다. 이 책에는 가난, 정상가족, 학벌주의, 지방 소멸, 청년노동, 숙

---

* 천현우, 「'지방 총각들'도 가정을 꿈꾼다」, 《조선일보》, 2022년 9월 15일자.

련기술과 노동, 정규직 노동조합, 20대의 사랑과 결혼, 자신의 경험과 정서를 나누는 글쓰기를 하는 정동노동자 되기 등 지난 10년간 한국 사회에서 진행되고 특히 최근 5년간 논쟁된 화두들이 자리 잡고 있다. 나는 『쇳밥일지』를 자기역사쓰기 또는 일기나 편지와 같이 개인의 관점이 서술된 기록인 에고도큐먼트(Ego-Document)의 일환으로 바라보고 싶다. 구술 자료와 유사하게 자기역사쓰기는, 출생에서 현재까지 자신의 생애 이야기를 나름의 이야기 구조나 서사를 통해 풀어낸다. 그리고 그 안에는 천현우의 다양한 경험들이 독자들을 맞이한다.

『쇳밥일지』가 오늘날 20대 청년노동의 현실을 비춰 주며 지방대학 출신 청년세대의 간난함을 독자에게 절절하게 전달해 주는 것은, 이미 여러 서평에서 지적돼 왔다. 천현우는, 온라인을 통해 연재하던 글을 바탕으로 『쇳밥일지』를 집필했고 이는 '빈곤-저임금 노동-지방 출신' 등 한국 사회에서 주변화된 개인의 목소리를 대변해 주는 자기 발언이라고 할 수 있다. 동시에 나는, 1990년대에 출생해서 2010년대에 노동시장에 진입해 일상을 꾸려 가는 천현우라는 개인이 『쇳밥일지』라는 자기역사쓰기로 보여 주고자 했던, 이루고 싶었지만 이루지 못한 열망을, 그의 서사를 통해 살펴보고 싶다. 그 테마는 노동자 되기와 용접의 의미 그리고 글쓰기/독서라는 생애 지향이 구체화되어 나타나는 '생애사적 전환'에 대한 것이다.

『쇳밥일지』를 통해 본 노동 세계와 주변

『쇳밥일지』를 읽으며 연상되는 책은 영국 문화 연구의 고전인 폴 윌리스(Paul Willis)의 『교육현장과 계급재생산』이다. 1977년 처음 출판된 이 책의 원래 제목은 '노동자가 되기 위한 배움, 노동자의 자녀들이 노동자가 되기까지(*Learning to Labour: How Working Class Kid Get Working Class Jobs*)'다. 영국 해머타운이라는 곳은 전체 가구의 80퍼센트가 블루칼라인 전형적인 노동자 도시로, 윌리스는 이곳의 학교에서 아이들의 생활을 관찰하고 기록했다. 아이들의 아버지는 전형적인 노동자계급이었으며 이 계급의 상징은 그 이전부터 전승되어 왔고, 아이들은 그것을 보며 자랐다. 하지만 학교에서 아이들은 진학을 위해서 '얌전이들'처럼 열심히 공부하는 것보다 '싸나이다운' 싸움질, 정규 교육의 무시, 또래 여성과 성관계 등을 통해 자신들만의 '반학교 문화'를 만들어 간다. 남자 아이들은 노동자계급인 아버지들의 '모(母)문화'를 온몸으로 거부하고 철저히 위계화된 학교의 계급 상승이라는 사다리가 허구임을 일찌감치 간파해 자기들만의 문화를 만들어 나가려고 한다. 하지만 아이들의 바람과 달리, 반학교 문화는 노동 현장 문화로 이어지며, 노동 현장으로 새로운 노동력이 유입되는 원인이 된다. '싸나이'들에게는 노동 현장으로 진입하는 취업이 학교 밖으로 쫓겨나는 것이 아니라 자기들이 즐겁게 생활하며 노는 장소를 노동 현장으로 옮기는 것일 뿐이다. 그사이에 싸나이들은 아버지를 닮아 갔다.

『쇳밥일지』가 시작되는 천현우의 고향 마산-창원은 '남초 사회'다. 책에서 실명으로 등장하는 여성은 어머니 심 여사, 첫사랑 은주, 그를 사랑한 초원 그리고 2014-2015년 무렵 심 여사가 빚을 크게 지고 이를 갚는 과정과 관련해서 드문드문 등장하는 인물들뿐이다. 이는 기계공업학교, 폴리텍 그리고 10여 년간 천현우가 경험했던 노동 현장의 특성과 관련 깊다. 최저시급을 받던 그는 고데기질이라 불리는 용접을 경험하며 기술의 필요성을 느끼게 되는데, 천현우에게 중요한 '용접'을 만났던 시기를 전후로 그에게 중요한 사람들은—포터 아저씨, 김규환 명장, 길 삼촌 등—대부분 그보다 나이가 많은 남성 노동자들이다. 통일중공업에서 초원과

천현우의 작업복.
(출처: 『쇳밥일지』 4쪽, 문학동네 제공)

처음 만났을 때, 그녀가 그토록 쭈뼛쭈뼛했던 이유에 대해 천현우는, '사용하는 언어의 차이'라고 기억한다. 그만큼 그녀와 1980년대 이래 노동현장의 노동 문화 간의 거리는 컸다.

그렇다면 천현우는 모문화인 남성 노동자 문화와 다른 정체성을 지니고 있을까? 윌리스의 '싸나이들의 문화'와 비교해 보면, 2010년대 그들의 문화는 적지 않게 다르다. 천현우에게 고등학교나 대학은 크게 의미 있는 공간이 아니었다. 그가 『쉿밥일지』에서 반복해서 스스로를 지칭하는 자격지심이라는 말은 더 이상 계급 상승이 가능하지 않은 현실을 자조하는 말이다. 주의 깊게 『쉿밥일지』를 읽은 독자들은 천현우에게 주요한 의사소통 공간이자 계급을 증명하는 수단이 게임이자 게임 캐릭터임을 알아차렸을 것이다. 지방 출신, 전문대학, 죽어 가는 지방 도시 등 그를 둘러싼 조건은 현실 사회관계에서 그가 자신의 자존심을 부정하는 방식으로 노동을 배우게 만들었다.

구체적으로 천현우의 노동 세계는, 첫사랑 은주를 만났던 노키아에서 시작해 효성 하청기업, 산업기능요원으로 재직할 때의 의료기기 회사, GM 하청, 통일중공업, 현대로템, SNT중공업 사외하청 등 다양했지만, 그는 결국 '자격증의 세계'에 입문하게 된다. 대학에서 반강제적으로 따야 했던 전기산업기사에서 시작해 용접기사 자격증까지 그 세계는 이어진다. 천현우는 왜 이렇게 자격증에 몰입했을까? 그의 노동 세계는 '초임 170만 원', '최저시급조차 지급하지 않음', '700원 시급/찌질이' 등으로 이뤄져 있다. 자격증은 그가 자신을 둘러싼 노동 세계의 참혹함으로부터 벗어날 유력한 수단 가운데 하나였을 것이다.

1970-1980년대 노동자들의 수기나 에고도큐먼트를 보면, 자기 자신은 공장에 다니는 동안 학교에서 공부하는 또래 친구들에 대한 격렬한 질투심을 발견할 수 있다. 그래서 산업체부설학교나 야간대학에 진학하는 경우도 있었다. 그러나 『쉿밥일지』는 이미 닫혀버린 계급 간 이동을 부정하면서 동시에 여전히 열망하기도 한다. 천현우가 게임 동기라고 불렀던, '돼지, 허세, 찐따' 등의 친구들과 부산에서 만났을 때, "근데 전문대 나와가 대기업 갈 수 있나?"(91쪽)라는 친구의 한마디에 감춰졌던 그의 분노는 폭발해 버렸다. 스스로 포기한 것처럼 보였던 '학력자본'에 대한 이러한 분노는 곧 4년제 대학 편입에 대한 갈망으로 이어졌다.

천현우의 사회 관계를 통해 그가 갈망하던 공동체 또한 엿볼 수 있다. 우선 정상가족(normal family)에 대한 열망이다. 부친의 불륜과 자식에 대한 방치, 잠시 동거했던 생모에 의한 반복적인 구타—천현우가 자주 놀러 간 친구 집에서 그가 "니 왜 안 맞노?"(34쪽)라고 친구에게 묻는 장면은 매우 인상적이었다—와, 피가 한 방울도 섞이지 않은 심 여사에 대한 애착은 그가 20대에 그리고 현재까지도 상상하는 공동체의 모습이 어떤지 보여 준다. 심 여사의 유방암 발병을 알게 된 뒤 빈집에서 느끼는 고독과 2015년경 심 여사가 남긴 빚으로 전 재산이 2만 원밖에 남지 않아 자살을 시도하지만 결국 다시 가족에게 돌아오는 장면은, 그가 얼마나 가족을 희구했는지 짐작하게 해준다.

다음으로 천현우의 인간관계에서 주목할 지점은, 앞서 지적한 것처럼 그의 인간관계가 게임이라는 디지털 네트워크를 통해 형성된 경우가 많았다는 점이다. 하지만 이들에게도 배신감을 느낀 천현우가 기대는 집단은 '아버지', '대부'라는 존재가 아닐까 싶다. 용접이라는 상징자본을 그에게 알려 준 포터 아저씨, 통일중공업에서 만난 길 삼촌 등은 장인(artisan)인 동시에 독립적인 노동자의 상—"묵묵히 자기 할일을 하고 (……) 그런 자기 자신에게 자부심 가지는"(145쪽)—을 천현우에게 제공해 줬고, 그는 이들과 친밀한 관계를 형성했던 것으로 보인다. 반면 같은 또래 노동자, 특히 정규직에 대한 차별을 느끼는 정동은 『쇳밥일지』 곳곳에서 찾아볼 수 있다. 단적인 예로 "노조 아들내미"(127쪽)라는 표현이나 에어컨이 나오는 휴게실에 출입조차 할 수 없는 통일중공업에서의 차별 경험은 노조와 앞 세대 정규직 노동자와 그들의 문화/관행에 대한 그의 불신을 보여 준다.

그렇다면 『쇳밥일지』에서 작가는 노동자계급으로서 정체성을 어떻게 생각하고 있을까? 그에게서 1987년 노동자대투쟁 이후 상상되었던 남성 노동자 혹은 가족임금(family wage)을 담보하는 가부장적 주체의 모습을 발견하기는 어렵다. 오히려 『쉿밥일지』에서 그는 '노동' 자체에 대한 자부심보다, 용접이라는 기술을 통해 느끼는 행복감과 자기만족이라는 감각을 느낀다. 학교, 사회에서 학력자본의 결핍, 노동시장에서 최저임금, 학력 간 위계에 따른 불안정한 인간관계 등은 천현우에게 '존경받고 싶은 사람'이 되기를 갈망하게 했다. 편입/학력, 용접/숙련, 독립/자기계발 등의 가치가 반복적으로 강조되는 것이 이를 뒷받침하는 하나의 예가 아닌가 싶다. 『자본주의 키즈의 반자본주의적 분투기』(이혜미)에서도 확인할 수 있지만, 이전 노동자 에고도큐먼트에서 등장하지 않는 운동, 체중 조절, 독서 등과 같은 자기계발에 대한 욕구는 2010년대 이후 이들의 신체/정동을 둘러싼 변화된 흐름을 반영하는 증거이다.

정동노동자로의 생애사적 전환

끝으로, 『쉿밥일지』라는 10여 년에 걸친 천현우의 에고도큐먼트를 통해 본 정체성 변화를 '생애사적 전환'이라는 계기를 통해 정리해 볼까 한다. 우선 첫 번째 생애사적 전환은 포터 아저씨를 매개로 한 용접이라는 상징자본과의 만남이다. '고데기질'로 표현된 기술에 대한 천현우의 의미 부여는, 공장에서 처음 지녔던 용접에 대한 편견에서 "근사하네예!"(115쪽)라는 말로 바뀐다. 독자들은 로스웰드 학원에서 "용접은 재밌었다"(129쪽)라는 천현우의 말을 통해 전에는 느끼지 못한 그의 감각/정동을 발견하게 된다. 물론 "그런 새끼들보다 [지식인들보다—인용자] 우리가 훨씬 대단한 거야"(116쪽)라는 포터 아저씨의 말에 대한 공감은, 작가의 숙련노동에 대한 새로운 의미 부여인 동시에, 앞 세대와 구분되는 독립적인 자기 가치에 대한 확인 등이 착종된 것일지도 모른다.

두 번째 생애사적 전환의 계기는 천현우가 '일기 쓰기'라는 글쓰기 작업을 해나가기 시작했던 일련의 과정이다. "용접만 시켜주면 노동 교화소라도"(204쪽)라는 고백이 무색하게, SNT중공업 사외하청에서 잇따른 산업재해를 목격하면서 그의 생각은 변한다. 용접이라는 숙련된 안전한 기술 안에 머물렀던 자신의 안온한 일상에 파문이 생긴 셈이다. 당시를 그는, 불행은 언제든지 다가올 수 있다고 기록하며, 20대 청년이라는 당사자의 목소리를 드러내는 '일기쓰기'를 다시 시작한다. 이런 과정을 거쳐 〈피렌체의 식탁〉, 미디어 스타트업인 〈alookso〉 등을 통해 천현우는 글을 쓰는 '정동노동'에 접어든다.

책을 덮으면서 마지막으로 든 생각은, '정동노동자'로서 천현우의 모습은 어떤 것일까였다. 게임으로 의사소통을 했고 디지털 플랫폼을 통해 자신의 의견을 사회로 발신해 이제 글쓰는 정동노동에 입문한 그가 지금 그리고 앞으로 쓸지도 모를 또 다른 '노동일기'가 기대된다.

김원
한국학중앙연구원 사회과학부 교수. 근현대 구술사를 전공하며 국경을 넘는 사람들의 기억을 연구 중이다. 펴낸 책으로 『여공 1970, 그녀들의 反역사』, 『박정희 시대의 유령들』, 『잊혀진 것들에 대한 기억』 등이 있다.

『학교와 계급재생산』 폴 윌리스 지음, 김찬호·김영훈 옮김, 이매진, 2004

문화연구에서 노동계급문화의 재생산, 변형을 다룬 기념비적인 저술이다. 학교, 가족, 작업장, 공동체를 가로지르는 노동자 계급 형성의 다차원성과 복잡성을 다룬 필독서이다.

"'싸나이'들은 또한 자격이라는 관념을 근본적으로 거부한다. 그들에게 있어 '자격'이라는 것은 제도적으로 규정된 지식의 힘이라는 실제적인 무기를 뜻한다. '싸나이들'은 지식을 거부하기 때문에 자격이라는 것에 대해서도 저항감을 갖고 불신할 수밖에 없다. 다른 경우에서처럼 공식적인 기준들을 불신하는 주요한 방법은 곧 '그 이면을 보는 것'이고 비공식적인 관행 속에서는 '실제로 어떻게 돌아가는가'를 파악하는 것이다." — 책 속에서

『여공문학: 섹슈얼리티, 폭력 그리고 재현의 문제』 루스 배러클러프 지음, 노지승·김원 옮김, 후마니타스, 2017

개발독재와 산업화 시기 여성 노동자들의 자기역사쓰기를 '여공문학'이라는 용어를 통해 다룬 역작이다. 왜 그녀들이 펜을 들 수밖에 없었는지 이해하기 위해 반드시 읽어야 할 작품이다.

"부천에서 나는 내 또래의 십대 여공들을 만났다. 그들은 언젠가는 책을 쓰고 싶어 했다. 그들은 야심이 있었고, 독학한 러시아어로 러시아 대가들의 책을 읽고 있었다. 하루는 노동자 작가들이 자신들이 쓴 시와 소설을 낭송하는 자리에 참석해 부천의 '프롤레타리아의 밤'이라고 할 만한 저녁을 보내기도 했다. 문학과 작가에 대한 그들의 열정은 내게 너무나 인상적이었다. 이 책에서 다루고 있는 자전적 수기와 소설뿐만 아니라 이 책 역시 그런 프롤레타리아의 밤에서 태어났다." — 책 속에서

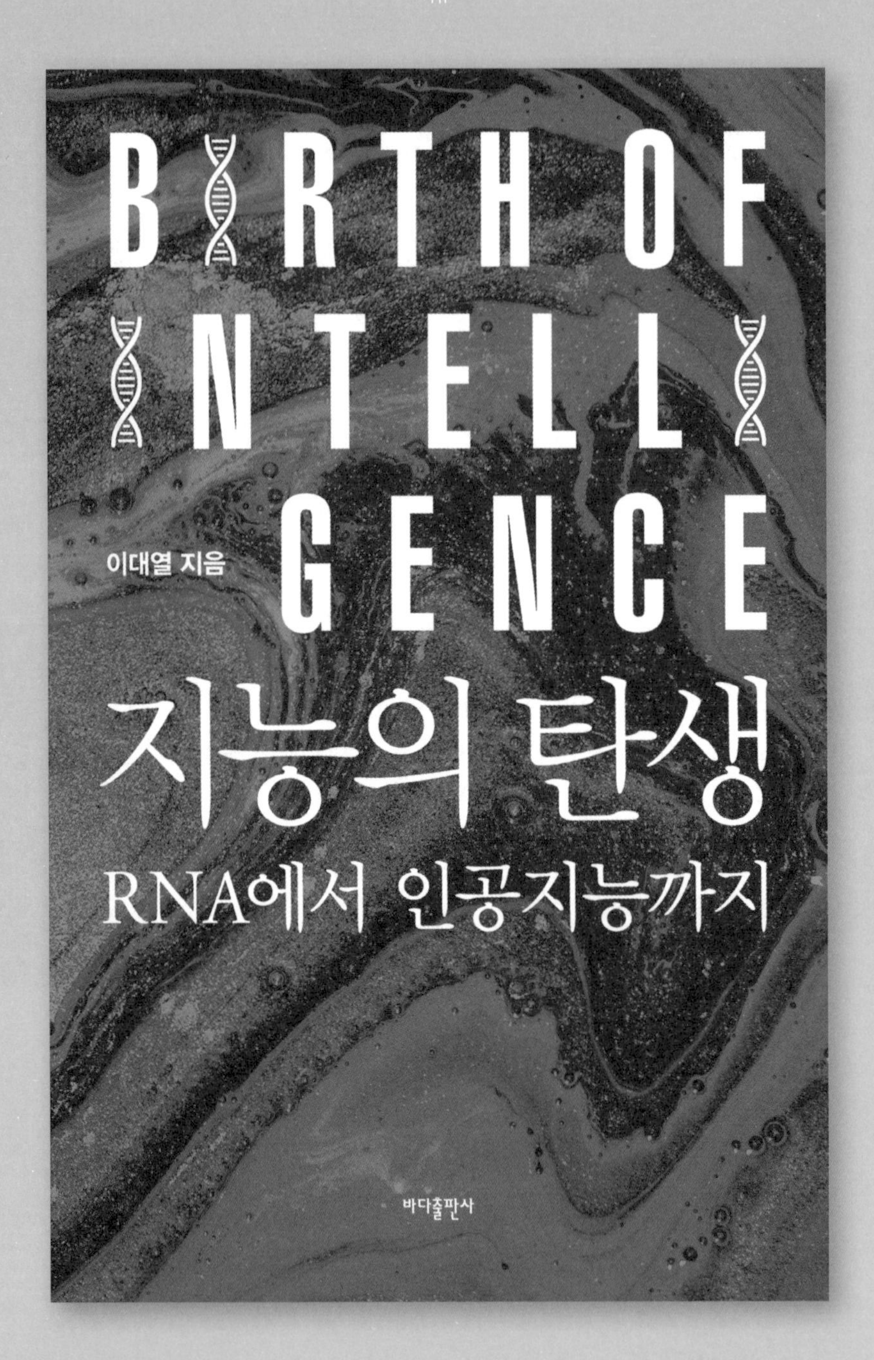

『지능의 탄생』
이대열 지음, 바다출판사, 2021

지능은 태어나야 하는가?

이석재

지능을 이해하려는 새로운 시도

우리는 분명 자연의 일부이다. 자연 속에서 그 지배를 받으며 살아간다. 그러나 다른 자연과는 좀 다르다. 지배를 받으면서도 때로는 좋게 때로는 나쁘게 자연을 바꾼다. 지능이라는 독특한 능력 때문이다. 새로운 과학기술의 등장으로 삶과 세계가 또 한 번 큰 변화를 마주하고 있다. 지능에 대한 관심도 그만큼 높다.

그런데 이 능력은 과연 어떤 능력일까? 사실 오래된 질문이다. 동양이나 서양이나 우리에 대한 이해를 도모할 때부터 이 능력을 어떻게 이해해야 할지 고민해 왔다. 이대열은 『지능의 탄생』을 통해 이 낡은 질문에 새로운 답을 제시하고자 한다.

문제 제기는 쉬워도 답 내기란 쉽지 않다. 더구나 문제가 오래되었을 때 참신한 답은 그만큼 힘들어진다. 새 시도는 이 점에서 언제나 값지다. 더

구나 외국어로 먼저 집필된 후 우리말로 번역된 경우가 많은 한국 실정을 감안하면 이 책은 유난히 반갑다. 미국이 주 활동 무대인 신경과학자이지만 저자 이대열은 한국어를 먼저 배웠고, 이를 뽐내듯 책은 편안하게 잘 읽힌다. 원문은 무엇이었을까 머리를 긁게 하는 어색한 번역 투 문장이 없어 내용만큼 형식이 돋보이는 글쓰기이다. 글의 명료함 또한 빼어나다. 세계 최정상급의 학자가 자신 있게 사안을 파악하고 있을 때 개진할 수 있는 모호함의 부재, 주저 없음이다. 최전방에 서 있는 뇌과학자가 우리가 진화를 거치며 어떻게 지금의 지능을 가지게 되었는지를 설명하는 시도가 궁금하다면 꼭 읽어 보길 권한다.

지능을 정의하다

짐작하듯 지능에 대해 관심을 보이는 분야는 다양하다. 심리학, 신경과학, 뇌과학, 정치학, 경제학은 물론 철학에서도 오랫동안 관심을 보여 왔다. 철학자들은 일찍이 우리 인간에게 '합리성' 혹은 '이성'과 같은 독특한 능력이 있고 이 능력이 인간을 인간답게 만드는 것이라고 짐작했다. 그래서 이러한 능력의 본질은 무엇인지, 어떻게 정의하는 것이 좋을지 늘 옆에 달고 고민해 왔다.

본질과 정의(定義)는 긴밀히 연결되어 있다. 본질이 잡히면 정의 속에 포함하면 제일이다. 정의는 확실한 분류의 틀을 만들어 다음 작업을 수월하게 한다. 삼각형들만 모이라고 했을 때, 삼각형이 아닌 것을 가려내야 한다. 그런데 정의는 삼각형이 아닌 것을 분명하게 한다. 비집고 들어갈 틈이 없다. 본질과 정의의 힘이다.

그런데 지능(intelligence)을 정의하는 일은 쉽지 않다. 일단 우리가 별이는 지적 활동이 너무 다양하다. 아침에 출근해서 이달 영업 이익을 계산하다 점심때는 새롭게 만들 회사 내 ESG 규정을 고민한다. 저녁에는 상을 당한 친구의 슬픔을 위로하고 피곤한 몸으로 집을 향한다. 일과만 봐도 지능이 관여하는 일은 실로 다양하고 광범위하다. 다양성만이 문제가 아니다. 지능에 대한 우리의 생각도 변한다. '정서적 지능(emotional intelligence)'이라는 개념이 60여 년 전에 등장했을 때 그 자체가 모순적이라 여긴 사람이 적지 않았다. 그만큼 지능과 정서는 상반된 것이라 생각했다. 지금은 지능을 보다 넓게 생각한다. 이뿐이 아니다. 애매한 상황 또한 어려움을 제공한다. 조문을 다녀오고 슬픔에 잠겨 베토벤의 〈월광 소나타〉를 연주하기 시작했다고 하자. 이 연주 역시 지능적 활동인가? 이렇게 어려운 상황에서 정의를 시도하는 일은 능력 있는 자의 몫이며 우리는 이들을 환영한다.

지능은 생명체만 가지는가—인공지능

저자 이대열은 기존 정의들을 간략하게 검토한 후(30쪽), 다음과 같이 제안한다.

> 지능은 단순히 수학적인 또는 논리적인 문제를 푸는 능력이 아니라 지능을 가진 주체에게 가장 이로운 결과를 가져올 수 있는 여러 행동 중 하나를 선택하는 능력, 즉 의사결정의 능력이다. 결국 지능이란 **다양한 환경에서 복잡한 의사결정의 문제를 해결하는 능력**이라고 정의할 수 있다.(31쪽)

저자는 왜 이렇게 생각하는가? 이 부분을 좀 더 살펴보자.

> 실제로 생명체가 자연 세계에서 접하는 문제들은 시시각각 변화하기 마련이다. 어느 순간에 어떤 문제가 주어질지 확실하지 않고 어떤 지식이나 기술을 써야 그 문제를 해결할 수 있을지 모르는 경우도 많다. 해결책도 한 가지가 아니라 여러 가지가 있을 수 있다. 그중에서 가장 효율적인 해결책을 찾아 신속하고 정확하게 문제를 해결할 수 있는 생명체가 더 잘 살아남는다. 즉 지능은 환경의 변화에 대응하여 주어진 상황에 따라 변하는 다양한 문제들을 해결하는 능력이다.(31쪽)

여기서 드러나듯 저자는 문제해결 능력을 생명체와 연관시킨다. 『지능의 탄생』이라는 제목에서 이미 짐작이 갔다. 탄생은 생명에게 고유한 현상이니 지능 역시 탄생한 것이라고 저자는 말하고 싶은 것이다. 지능과 생명체 간의 연관은 저자 역시 명시적으로 밝히고 있다.

> 생명체는 자기 복제를 통해 그 존재를 지속하기 위해 '지능'을 사용한다. 즉 자기 보존적(self-preserving)이고 일관된 선호도를 기반으로 하는 지능은 생명체의 자기 복제를 위한 유용한 도구인 것이다. **생명체의 행동에서만** 지능의 흔적을 찾을 수 있는 것도 바로 그 때문이다.(126쪽, 필자 강조)

지능을 생명체의 활동과 긴밀하게 연관 지으려는 시도는 이해가 간다. 저자가 잘 설명해 주듯, 우리가 매일같이 발휘하고 있는 지능은 생명체로서의 인간이 오랜 기간 진화를 거치며 획득한 능력이다. 특히 가장 초보적인 형태의 지능이 어떤 진화 과정을 거쳐 현재 우리 뇌와 같은 모습을 띠게 되었는지에 대한 저자의 설명은 이 책이 제공하는 가장 흥미로운 부분 가운데 하나이다. 그러나 지능을 생명체로 제한하는 것에 대해 우리는 묻지 않을 수 없다. 생명체만이 지능을 가진다면 현재 모두의 관심인 '인공지능'은 어떻게 이해해야 하는가? 엄밀히 말해 인공지능은 지능이 아니라는 것인가? 아니면 인공지능체 역시 살아 있는가? 저자의 입장은 분명하다.

> 현대의 인공지능을 진정한 지능이라고 여기지 않는 이유는 그 재료가 인간의 뇌와 다르기 때문이 아니다. 그것은 인공지능이 해결해야 하는 문제가 그 자신의 문제가 아니라 인간이 제시한 문제이기 때문이다. 인공지능은 인간의 번영과 복지를 위해 복무하고 있다. (……) 만일 인공지능이 진정한 지능이라면 스스로의 목표를 갖고 자신의 문제를 해결해야 한다.(90-91쪽)

저자에 따르면, 현재 우리가 경험하고 있는 인공지능은 진정한 지능이 아니다. 대신 그 이유를 오인해서는 안 된다. 인공지능이 발현되는 물리적 기반이 유기물이 아니어서 인공지능체에게 지능의 지위를 부여하지 않으려는 것이 아니다. 지능의 주된 임무가 문제 해결이기는 하지만 누구의 문제를 해결해 주느냐가 중요하다. 스스로의 목표를 가지고 자기 고유의 문제를 가져야 한다.

저자의 지적대로 우리가 아는 한 현재의 인공지능은 모두 **인간의 번영과 복지**를 위해 활용되고 있다. 인간의 번영이 인공지능체의 번영과 일치하지 않는 이상 인공지능체는 스스로의 목표와 자신의 문제를 가지지 않는 것처럼 보인다. 그러나 상황이 이렇게 간단하지는 않다.

저자는 두 가지 점에서 인공지능체들이 생명체와 상이하다고 여긴다. 첫째 차이는 인공지능의 경우 근본 목표가 자발적으로 생겨난 것이 아니라 외부로부터 투입되었다는 점이다. 또 하나의 차이는 목표 자체가 인공지능체 스스로의 생존, 번영, 복지가 아니라 다른 존재 곧 인간의 생존, 번영, 복지라는 점이다. 두 번째 차이부터 좀 더 자세히 살펴보자. 앞서 얘기한 대로, 우리가 아는 한 실생활에 활용되고 있는 인공지능은 인류의 번영과 복지라는 목표를 염두에 두고 설계·운영되고 있다. 그러나 인간의 번영과 복지가 아닌 인공지능체 자체의 번영과 복지를 목표로 삼게끔 설계하는 일이 불가능한 것은 아니다. 굳이 공상과학 시나리오에 단골로 등장하는 광기 어린 과학자(mad scientist)를 떠올리지 않아도 이러한 실험을 이미 초보적인 형태에서 진행하는 상황을 상상할 수 있다. 저자 역시 최신 화성 탐사 로버(rover, 로봇 탐사차) '퍼서비어런스'와 '인지뉴이티'에 대한 논의를 진행하며 다음과 같이 언급하고 있다.

> 역설적인 것은, 보다 효율적인 화성 탐사를 위해서 인간이 로버의 행동을 제어하는 것을 부분적으로 포기하게 되었다는 점이다.(115-116쪽)

화성 탐사 로봇을 다루는 이 부분의 소제목은 '자율적 인공지능'이다. 보다 효율적인 임무 수행을 위해서 구체적인 목표 제시 등의 직접적 제어를 인간 설계자들이 포기하고 있고 로버들이 보다 자율적인 형태로 목표를 설정하고 수행하는 상황을 묘사하고 있다. 머지않은 미래에 인류의 생존, 번영, 그리고 복지를 위해 우리의 지시를 기다리기보다 인공지능체들이 빨리 스스로 생존하며 그 개체 수를 늘려 나가는 것이 가장 효율적이라는 판단이 내려질 경우를 생각해 보자. 이 경우 인공지능체들은 자신들의 생존과 번식이라는 스스로의 목표를 가지는 셈이다. 그리고 우리와 인공지능체 간의 차이는 사라진다.

물론 이러한 형태로 인공지능체가 자신의 생존과 번영이라는 목표를 가진다고 하더라도, 이 목표가 외부로부터 주어졌다는 점은 부인할 수 없다. 근본 목표가 인공지능체 자신으로부터 자발적으로 생겨난 것이 아니며 어디까지나 인류의 기획에 의한 것이다. 이 점이 저자가 주목하고 있는 생명체와의 첫 번째 차이점이다. 이 차이에 대해서도 좀 더 생각해 볼 필요가 있다. 특히 외부에서 목표가 주어진다는 사실이 이렇게 결정적인지 살펴보자.

지금 이 글을 쓰고 있는 나, 그리고 이 서평을 읽고 있는 독자들은 지능을 가지고 있다. 이 경우에는 자발적으로 서평을 쓰게 되었고 자발적으로 《서울리뷰오브북스》를 읽게 되었다고 하자. 그러나 억지로 원고 청탁을 받아 다른 글을 쓰겠다는 목표를 어렵게 가진 경우, 또 남으로부터 추천받은 책을 읽겠다는 목표가 생겼을 때 과연 이러한 결정은 비자발적인가? 우리가 가진 많은 목표가 사실 외부에서 주어지지 않는가? 어찌 보면 순수하게 자발적이라고 할 목표는 많아 보이지 않는다. 우리는 끊임없이 주위와 관계를 맺으며 다양한 영향을 주고받는다. 근본 목표의 형성 역시 이에 포함이 된다. 참된 자발성을 찾아보기 힘들다. 인공지능체가 외부에서 온 목표를 가지게 되었다고 해서 우리와 그렇게 큰 차이가 나 보이지 않는다.

물론 자발성이 발휘되는 중요한 대목이 있다. 외부로부터 주어진 목표가 내 것이 될 때 이는 내가 그 목표를 나의 것으로 인정, 받아들이기 때문이다. 제아무리 외부로부터 왔다고 하더라도 내가 받아들여야 한다. 싫은 원고 청탁은 거절할 수 있기 때문이다. 우리 인간에게는 이러한 인정이 중요한 역할을 한다. 인공지능체에게 이러한 인정이 가능한지 물을 수 있고, 만약 가능하지 않다면 우리와 같은 지능을 발휘하지 못한다고 생각해 볼 수도 있다. 그러나 설령 우리와 같은 지능은 없다고 인정해도 지능 자체를 부인할 수 있는가? 지능을 가졌다고 생각되는 다른 많은 동물을 생각해 보라. 이들에게 이러한 인정 능력이 없다. 그럼에도 불구하고, 즉 외부 목표의 자체적 인정이라는 능력이 없어도 지능은 여전히 가능한 것이다.

우리는 저자 이대열이 두 가지 중요한 차이로 인간과 인공지능체가 구별된다고 생각하는 것을 살펴보았다. 저자에 따르면, 이 두 차이—(1) 목표의 자발성 여부, 그리고 (2) 스스로의 생존과 번영이라는 목표 여부—로 인해 우리는 참된 지능을 가지는 반면, 인공지능체는 참된 지능을 가지지 못한다. 나는 이러한 이유로 인공지능체에게 지능이 결여되어 있다는 주장은 다시 생각해 봐야 할 필요가 있다고 얘기했다.

저자 역시 유연하기에 자신의 입장이 바뀔 수 있는 가능성을 열어 두고 있다.

> 언젠가 자기 자신을 위해 의사결정을 내리는 인공지능이 도래할 때가 올지도 모른다. 그러한 인공지능이 어떤 모습일지, 인간이나 동물처럼 자기 복제를 목표로 의사결정을 내릴지는 알 수 없지만, 그때가 오면 적어도 생명의 개념에 대해서는 재고해 봐야 할지 모른다.(120쪽)

참된 지능을 가진 인공지능체의 탄생 가능성을 열어 두고 있는 것이다.

더 나아간 질문들

사실 나에게 가장 흥미로운 부분은 3부 '지능과 학습'이었다. 특히 9장 '사회적 지능과 이타성', 10장 '지능과 자아'는 많은 생각을 하게 했고 언젠가 기회가 되면 좀 더 이야기해 보고 싶은 주제들이다. 또 어떤 면에서

이 장들이 나에게 제일 아쉬움이 많이 남는 부분이기도 했다. '죄수의 딜레마', 이타성, '거짓말쟁이의 역설', 자유의지 등 철학에서도 묵직한 내용이 다루어지고 있었는데 논의가 왠지 정제되지 않고 다른 부분들만큼 친절하게 집필되지 않은 인상이었다. 예를 들어, 295쪽에 소개된 '브랜더버거-카이슬러의 역설'에 관한 논의는 배경지식이 없는 독자들이 얼마나 잘 좇아갈 수 있을지 의문이었다. 아쉬운 점은 또 있다. "자기 인식의 역설들"을 다루는 부분을 저자는 다음과 같이 끝맺고 있다.

> 자기 인식이 만들어 내는 문제들 중에는 자유의지(free will)도 포함된다. 자유의지란 나의 행동을 스스로 통제할 수 있는 능력을 말한다. 자유의지에 관한 질문은 물리적인 우주가 결정론적인 법칙에 따라 작동하는가와는 별개의 문제다. '자기'라는 개념이 인간의 의사결정 과정과 무관하게 존재하는 별도의 실체가 아니라는 점을 이해하고 나면, 굳이 자유의지의 존재에 대한 답을 기대할 필요도 없다.(297쪽)

잘 이해가 안 되는 문단이다. 자유의지에 관한 질문이 왜 결정론과 별개의 문제인가? 물리적인 우주가 결정론적인 법칙의 지배를 받고, 저자도 받아들이듯 우리 역시 물리적인 우주의 일부라면 자유의지에 대한 질문은 자연스럽지 않은가? 또 자기라는 '개념'을 별도의 실체라고 주장한 사람이 있는가? 아마도 자기라는 존재가 인간의 의사결정 과정과 무관하지 않다고 이해하자는 취지인 것 같다. 그러나 나라는 존재가 의사결정 과정과 무관하지 않음은 이해하지만 나는 자유의지에 대해서는 여전히 궁금하며 답을 기대하고 있다. 답을 기대할 필요가 없다는 주장은 저자답지 않게 선언적이며, 자유의지를 이렇게 다루려면 굳이 다룰 필요가 있었는지 의문이다.

인간은 왜 생각을 하며, 뇌는 어떤 방법으로 그 생각을 구성하는가?(13쪽)

저자 이대열이 서문에서 스스로 지목한 핵심 질문이다. 『지능의 탄생』에서 목표하고 있는 바를 정확하게 짚어 내고 있는 물음이며 책은 이 목표에 충실하다. 그 충실함의 결과 우리는 뇌과학의 대가가 진화와 뇌를 중심축으로 지능에 대해 가진 값지고 풍부한 생각을 접할 좋은 기회를 얻었다.

엄청나게 많은 행성을 가진 우주 전체를 둘러보아도 지능이 이렇게 꽃피는 행성이 많지 않다는 사실이 놀랍다는 얘기는 천체물리학자들 사이에서 종종 등장한다. 흔치 않은 이 특이한 능력을 활용하는 방법 가운데 곰곰이 지능 자체에 대해 이런저런 생각을 해보고 그 의미를 따져 보는 일이야말로 한층 멋지게 이 능력을 활용하는 것이 아닌가 싶다. 활용 방법은 다다익선이다. 과학 영역에서 이 문제를 계속 고민해 나가야 할 것이고 철학, 인문학 분야에서도 여전히 물어봐야 할 것이다. 이대열의 『지능의 탄생』은 이러한 만남과 대화를 통해 더 나은 지능의 지능 탄생을 촉진한다.

이석재
본지 편집위원. 서울대에서 철학을 가르치며 이제까지 서양 근대철학 분야를 주로 연구해 왔다. 전각, 화초, 그리고 음식에 관심이 많고, 요즘에는 철학 일반을 소개하는 책을 준비하고 있다. 글이 잘 안 쓰일 때는 화초를 돌보다 낙관을 새기고 음식을 준비하는 전원에로의 탈출을 꿈꾼다.

Thinking 101: How to Reason Better to Live Better, Woo-kyoung Ahn, Flatiron Books, 2022(국내 미출간)

예일대학교 심리학과 안우경 교수가 다년간 학부 학생들을 대상으로 강의한 경험을 바탕으로 최근에 영어로 출판된 저작. 곧 우리말로 출간될 예정이며 우리 사고 능력의 특성과 한계를 재미있고 통찰력 있게 지적하고 있다.

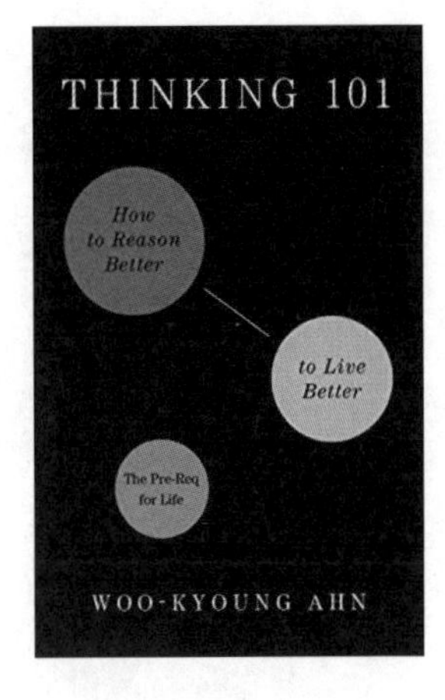

T-Minus AI: Humanity's Countdown to Artificial Intelligence and the New Pursuit of Global Power, Michael Kanaan, BenBella Book, 2020(국내 미출간)

미 공군 인공지능 위원장이었던 마이클 카나안이 최근 인공지능 발전을 쉬운 용어로 설명하는 동시에 이러한 발전이 인류에게 미칠 영향을 서술한 작품. 아직 번역되지 않은 것으로 안다.

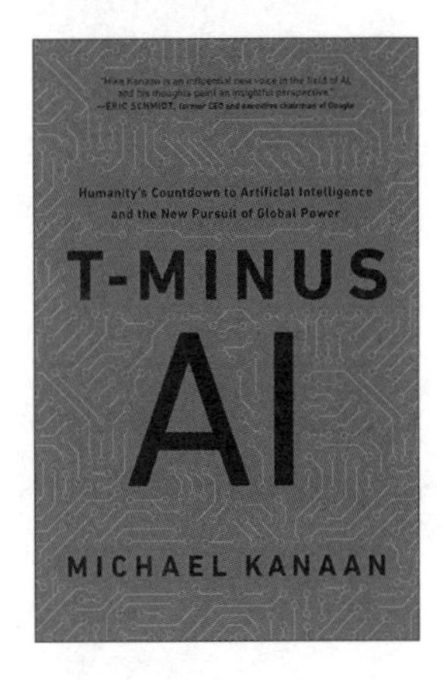

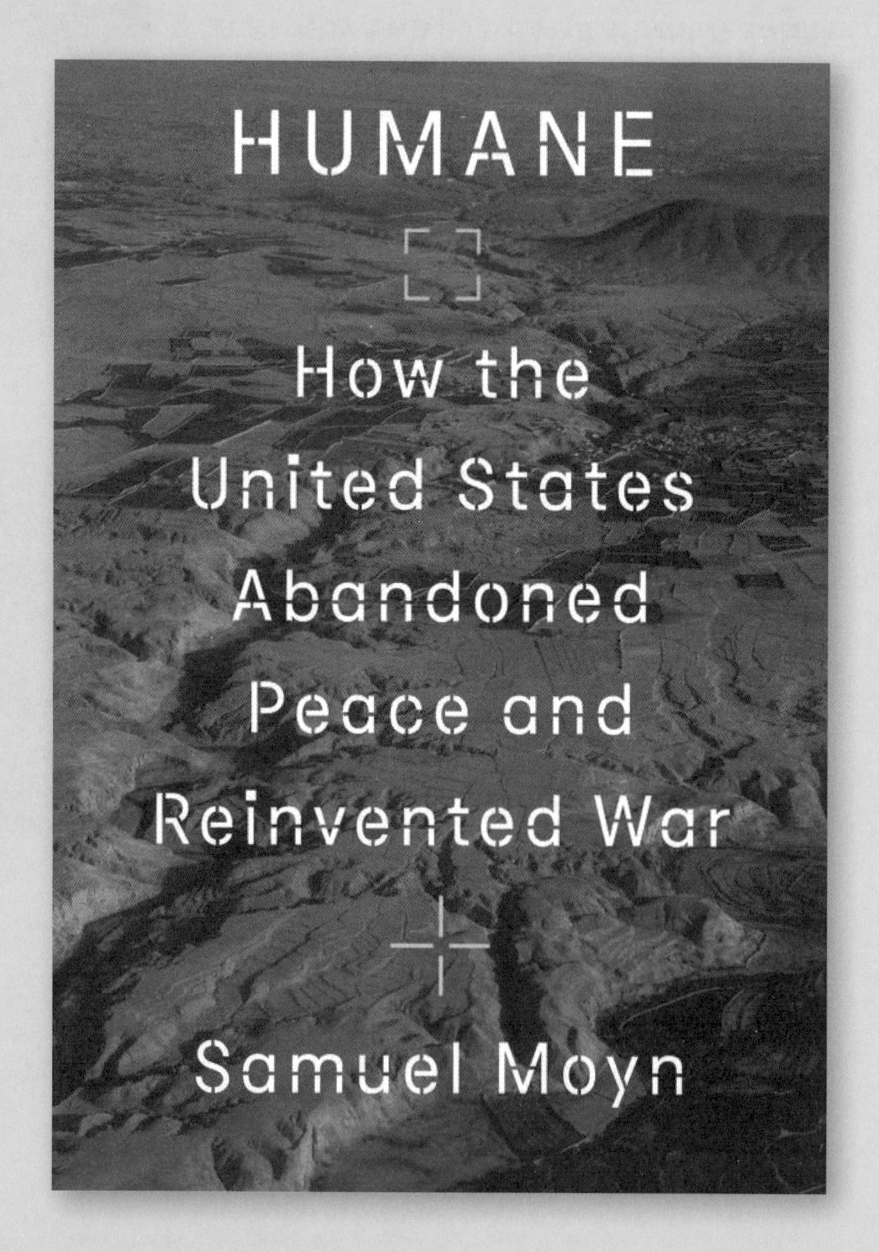

Humane: How the United States Abandoned Peace and Reinvented War
Samuel Moyn, Farrar, Straus and Giroux, 2021

인도주의는 평화를 가로막는가

송지우

총력전과 인도주의, 인도주의와 평화주의

새뮤얼 모인(Samuel Moyn)은 인권학계에서 뜨거운 논쟁을 일으킨 책을 연이어 써온 역사학자이자 법학자이다. 그는 초기작 『인권이란 무엇인가』* 에서 국제인권운동은 더 야심 차고 진보적인 다른 유토피아 운동—사회주의 운동, 식민해방 운동, 1970년대의 신국제경제질서(New International Economic Order) 운동—이 마침내 실패했을 때 비로소 성장한, 극도로 소박하고 실은 여러 면에서 보수적인 타협이라고 주장한다. 후속작 『충분하지 않다』**에서는 인권운동이 인종과 젠더 차별을 개선하는 데에는 어느 정

* 새뮤얼 모인, 공민희 옮김(21세기북스, 2011). 원작은 *The Last Utopia: Human Rights in History*(Harvard University Press, 2010). 원작 제목이 주는 도발적인 인상을 생각하면 번역서 제목이 아쉽다.

** 새뮤얼 모인, 김대근 옮김(글항아리, 2022). 원작은 *Not Enough: Human Rights in an*

도 기여했지만, 우리 시대의 국제경제질서가 양산하는 극심한 경제 불평등에 대응하는 데에는 무력했다고 주장한다. 두 저작에서 드러나는 국제인권법과 제도는 만연한 국제 부정의(injustice)에 충분히 맞서지도 못하면서 국제 정치도덕의 무대를 독차지하는, 거대한 무용지물의 모습이다.

모인의 인권 연구서는 그 역사적 정확성이나 추론의 엄밀함이 비판받고는 하지만,* 현대 국제질서가 어딘가 고장난 듯한 시대적 불안감을 우아하게 표현했고 인권운동가들에게 많은 고민을 안겼다.** 모인의 신작 *Humane*은 전작들의 도발을 국제인도법(international humanitarian law)의 영역에서 이어 간다.

국제인도법은 전쟁 상황의 무력 출동을 인도주의적 관점에서 규제하는 법이다. 불필요한 파괴를 삼가고 인명 피해, 특히 민간인 피해를 최소화하는 것을 목적으로 한다. 이러한 목적을 추구하는 노력이 전쟁의 긴 역사에서 전무했던 것은 당연히 아니지만, 그 국제법적 체계화는 현대 국제질서의 특징이고 주류 견해에 따르면 일종의 성취이다. 승리를 위해 모든 수단을 동원하고 적국의 모든 것을 정당한 군사 표적으로 간주하는 '총력전(total war)'이 난무하는 세상보다는 국제인도법이 관철되는 세상이 낫다는 것은 당연해 보인다.

*Humane*은 이런 상식적 판단에 어두운 이면이 있다고 주장한다. 참혹함을 최소화한 인도적 전쟁의 시대는 또한 조용하고 정밀하지만 동시에 분명한 종착점도 없는, 영구 전쟁(forever wars)의 시대가 되어 가고 있다는

Unequal World(Harvard University Press, 2018).

* Kathryn Sikkink, *Evidence for Hope*(Princeton University Press, 2017); Jiewuh Song, "Human Rights and Inequality," *Philosophy and Public Affairs* 47, 2019, pp. 347-377 등 참고.

** 특히 『충분하지 않다』는 한동안 국제적으로 인권학계의 학술회의와 언론 매체의 인권 담론, 그리고 앰네스티 인터내셔널 등 시민사회 단체의 연구 활동의 초점이 되었다.

것이다.

언제나 더 나은 유토피아를 꿈꾸는 모인에게 국제인도법이 내세우는 인도주의(humanitarianism)의 대척점은 총력전이 아니라 평화주의(pacifism)이다. 모인의 전쟁사는 "19세기의 가장 놀라운 참신함 가운데 하나"였던 "대서양 횡단 평화운동"으로 이야기를 시작한다.(19쪽) 이후 역사에서 모인은 레프 톨스토이, 베르타 폰 주트너와 같은 평화주의자와 앙리 뒤낭과 같은 인도주의자의 일화를 엮으면서 한때 "또 다른 가능성"이었던 평화주의가 번번이 인도주의에 가려지는 구도를 읽어 낸다.

19세기 인도주의 운동은 평화주의의 야심 찬 목표 대신, 어차피 전쟁을 할 것이라면 인도적으로 싸우자는 목표를 택했다. 운동에 동참한 이들 가운데 일부는 점진주의자였다. 전쟁에서는 아무런 윤리도 법치도 없다는 총력전의 시대에서 불필요한 파괴를 제한해야 한다는 인도적 전쟁의 시대로 넘어가면, 그에 따른 감수성의 변화에 힘입어 궁극적으로 평화의 시대를 열 수 있으리라는 것이었다. 반면 일부 인도주의자는 무조건적인 평화주의를 거부했다. 이들은 때로 더 큰 악을 막기 위해 전쟁이라는 수단을 활용해야 할 수도 있다고 믿었다. 이른바 인도적 개입(humanitarian intervention)의 여지를 남겨 두는 현대 인도주의자는 후자의 전통을 잇는다.

평화주의에 대한 인도주의의 우위가 총력전에 대한 인도적 전쟁의 우위를 뜻하는 것은 아니었다. 현대 인도주의 규범은 유럽 열강들의 정치적 셈법과 각종 우연, 우여곡절에 휘둘리며 확장이 더뎠다. 1864년 제1 제네바 협약은 육지전 부상자의 처우 문제에 국한되었고, 1949년 제4 협약에 이르러서야 민간인 보호 규범이 확립됐다. 비국제적 무력 충돌 희생자의 보호를 상술하는 협약 제2 의정서(1977)까지는 100여 년의 시간이 걸렸다.

더딘 발전의 단계마다 부정의와 위선이 드러났지만, 국가들이 그렇게

제4 제네바 협약(1949)에 서명 중인 각국 지도자들.(출처: 위키피디아)

조금씩 확립된 규범이나마 제대로 지키기 시작한 건 20세기 후반의 일이다. 모인이 한국전쟁을 포함한 20세기 전쟁사를 통해 서술하듯이, 유럽을 벗어난 지역의 전쟁에서는 인종주의와 제국주의적 야욕이 국제인도법의 허술함을 뚫어 버리고는 했다. 필리핀, 일본, 한국에서는 "살인이 아시아인의 자연적 본능"(111쪽)이고 "전쟁의 규칙과 생명의 가치는 인종에 따라 달라진다"(102쪽)고 믿은 장성들의 주도로 군인과 민간인을 구분하지 않는 총력전 시대의 전술이 사용되었다. 한편 게릴라전은 국제인도법이 규제하는 '무력 충돌'이 아니라는 법적 해석이 지구 곳곳의 해방운동을 잔혹하게 탄압하는 빌미가 되고는 했다.

정밀폭격, 전 지구적 전쟁터, "영구 전쟁"

20세기 후반 국제인도법 수용의 중요한 계기는 미국이 베트남에서 저지른 만행이었다. 이 전쟁에서 경악스러운 민간인 학살이 일어났다는 보도는, 정부 고위층의 의심스러운 정책 결정과 기만, 미국 국내 정치의 역학과 엮이면서 광범위한 사회 운동으로 이어졌다. 베트남에서 미국은 보수 법학자들도 인정할 수밖에 없을 정도로 군사 목적의 범위를 넘어서는 파괴를 저질렀고, 사회적으로 전쟁 중 잔혹 행위에 대한 경각심이 고조되었다. 이런 분위기에서 현재까지 이어져 오는, 확장된 국제인도법 체계가 한층 견고해졌다.

불분명한 명분으로 "젊은 중상류층의 징집 가능한 남성에 과도하게 의존했던" 베트남전은, 평화주의의 이례적인 부활과 강렬한 반전운동을 낳기도 했다. 하지만 모인의 서술에 따르면 이 운동은 곧 사그라들었고, 9·11 테러를 계기로 조지 W. 부시 행정부가 테러와의 전쟁을 추진할 때는 좀처럼 힘을 발휘하지 못했다. 부시 행정부의 전쟁 명분도 불분명하기는 마찬가지였지만, 9·11 직후 여론은 명분을 꼼꼼하게 고민하는 분위기가 아니었고 강성 평화주의자들도 제대로 목소리를 낼 수 없었다는 것이 모인의 냉소적인 평가이다. 모인은 20세기 미국의 가장 영향력 있는 인권 변호사 가운데 한 명인 마이클 래트너(Michael Ratner)를 9·11 이후 평화주의의 고전을 보여 주는 인물로 제시한다. 확고한 평화주의자였던 래트너마저 전쟁의 정당성 자체보다는 관타나모 수용자들의 기본권 쟁취에만 열중했고, 아부 그라이브 교도소의 경악스러운 고문이 전쟁의 핵심 화두로 떠오르며 평화주의는 관심의 대상에서 멀어졌다는 것이다.

물론 전쟁에 대한 피로감은 빠르게 쌓였다. 모인의 매끄러운 서사에서 혼란이 발생하는 지점이 바로 이곳, 구체적으로는 버락 오바마가 대통령

(위) 관타나모 수용소 입구.(출처: 위키피디아)
(아래) 아부 그라이브 교도소 감시탑.(출처: 위키피디아)

이 되는 시점이다. 한편으로 오바마는 대선 캠페인에서 "자유주의 매파" 힐러리 클린턴과 대비되는 외교 정책을 내세우며 지지를 모았고, "평화주의 후보"로 부각되었다.(278쪽) 하지만 모인은 이런 바람에서 평화주의에 대한 견고한 지지를 읽어 낼 수 없다고 본다. 대신, 메시지의 애매함을 예술의 경지로 끌어올린 정치인인 오바마는 후보 시절의 이상주의적 이미지를 부정하지 않으면서도 전쟁을 가장 오래 한 대통령이 되어 버렸다고 비판한다.

오바마와 도널드 트럼프, 조 바이든 대통령은 공통적으로 미국이 전쟁에 휘말리지 않기를 원했고, 이라크 전쟁의 여파 후에는 미국 내 여론도 줄곧 같았다. 하지만 모인의 냉소적 서사에 따르면, 이들 전현직 대통령과 다수 미국 국민이 정말 원하지 않는 전쟁은 미국인의 희생과 미국 재원의 출혈을 수반하는 전쟁이다. 모인에게는 무척 실망스럽게, 오바마 행정부는 대선 캠페인 당시의 이상주의를 더 정밀한 인도적 전쟁 지침을 확립하는 쪽으로 풀어냈다. 알카에다와 관련 조직을 향하되 부수적 피해는 최소화하는 '정밀폭격(target killing)' 전략이 일상화되었고, 드론 무기가 적극적으로 활용되었다. 오바마는 "평화(주의) 후보에서 인도적이지만 영구적인 전쟁 대통령"으로 빠르게 변모했고 임기 첫해에 전임자의 임기 전체보다 빈번하게 드론을 사용했다.(278쪽, 283쪽) 그리고 미국 대통령 가운데 최초로 임기의 전 기간 전쟁 중이었던 대통령이 되었다.

모인은 이러한 사실, 그리고 이 사실이 별다른 반발 없이 받아들여진 것에 초점을 맞춘다. 오사마 빈 라덴의 암살처럼 모두의 관심과 대다수의 환영을 받은 사건도 있었지만, 대통령이 매주 직접 검토한 "살인 목록"을 중심으로 미군이 지구 곳곳에서 항시적 대테러전을 벌이고 있다는 점은 특별히 화제가 되지 않았다. 오래 틀어도 불편하지 않은 무풍 무소음 에어컨처럼, 소수정예 특수부대와 드론이 주도하는 정밀폭격 전쟁은 있는 듯 없는 듯 미국과 국제 정치의 일상이 되어 버린 것이다. 이런 세상에서 "우리는 전쟁 범죄(war crimes)와 싸우지만, 전쟁이라는 범죄(crime of war)는 잊어버렸다."(10쪽)

평화를 이루지 못한 이유

이 책의 약점은 이전 저작들의 약점과 유사하다. 모인의 서술은 유려하지만 결정적인 순간에 애매해지는 경향이 있고, 언론을 거쳐 전달될 때는 좀 더 도발적인 독해가 주목받고는 한다. 모인의 인권사는 때로 국제인권이 '신자유주의'라 불리는 파괴적인 경제 이데올로기의 확산을 적극적으로 도왔다고 주장한 것으로 이해되기도 한다. 이는 모인의 서술에서 이따금 암시되는 주장이고, 크게 봤을 때 모인과 비슷한 시각에서 인권을 비판하는 비판법학자들이 실제 제기한 바이기도 하다. 하지만 모인의 최종적 입장은, 야심 찬 진보운동들은 인권운동의 적극적인 방해 없이도 실패했고 인권운동은 신자유주의의 공모자였다기보다 "무력한 동반자"였다는 것이다.* 그리고 이렇듯 강한 주장(공모) 대신 약한 주장(방관)에 정착하는 것은 사실 학문적으로 불가피하다. 강한 주장은 입증하기 어렵고, 관련 경험연구에서 아직은 간접적인 지지 근거도 발견되지 않고 있다.

*Humane*에서도 마찬가지로, 강한 주장들이 암시되지만 흡인력 있는 레토릭을 걷어 내고 보면 약한 주장만 남고는 한다. 세 가지 사실을 구분해 보자.

* Samuel Moyn, "A Powerless Companion: Human Rights in the Age of Neoliberalism," *Law and Contemporary Problems* 77, 2015, pp. 147-169.

파격적 사실: 인도주의의 확산은 오히려 영구 전쟁을 조장한다.
문제적 사실: 인도주의의 확산은 평화주의의 성장을 막는다.
슬픈 사실: 인도주의의 확산은 전쟁의 종식으로 이어지지 못했다.

책을 둘러싼 화제는 대체로 모인이 파격적 사실과 문제적 사실을 주장했다는 인식을 전제로 한다.* 하지만 이러한 주장이 타당한지와 별개로 모인이 분명하게 주장하고 제대로 뒷받침하는 것은 슬픈 사실뿐이다. 인도주의가 총력전과 영구 평화 사이의 징검다리가 되리라는 일부 인도주의자의 희망을 생각하면, 중요한 지적이다. 그러나 모인은 가끔 한발 더 나아가는 듯한 얘기도 한다. 가령 "애초 무력 사용을 조절해야 한다는 강고한 신념과 함께하지 않는 이상, 이 새로운 형태의 [인도적] 전쟁은 시간상 지속하고 공간상 퍼질 가능성이 특히 높다"와 같은 문장을 보자.(13쪽) 명백한 인과관계를 주장하는 것은 아니지만, 인도적 전쟁이 평화의 시대로 이어지지 못한 이유가 바로 인도적 전쟁의 잠재적 영원성 때문인 듯 읽히기 좋은 발언이다. 이런 주장은 언론과 독자의 눈길을 끌지만 입증하기는 어렵다. 또 책 전체를 꼼꼼하게 읽어야 알 수 있는 점이지만, 도발적이기는 해도 무책임한 학자는 아닌 모인의 최종 견해가 아니기도 하다.

그럴 수밖에 없는 것이, 사실 인도주의와 영구 전쟁의 인과관계를 따질 때 통제되지 않은 다른 변수들이 많다. 예를 들어 영구 전쟁을 가능하게 하는 건 인도주의 신념이 아니라, 자국민의 세금이나 생명이 걸린 사안이 아니면 어떻게 되든 큰 상관 없다는 심리일지 모른다. 전쟁 범죄와 극심한 인권 침해의 근거가 속속 드러나고 있는 러시아-우크라이나 전쟁만 해

* 그래서 더 첨예한 논쟁으로 번지기도 한다. 예를 들어 Dexter Filkins, "Did Making the Rules Better Make the World Worse?," *The New Yorker*, September 13, 2021.

켈로그-브리앙 조약(1928).(출처: 위키피디아)

도, 직접 분쟁을 벗어난 대다수에게는 우울하지만 스쳐 가는 헤드라인일 뿐이지 않은가. 20년 전 전시 만행의 상징으로 떠오른 관타나모 수용소가 아직도 폐쇄되지 않았다는 사실에 사람들이 조용한 것도, 수용소에서 갑자기 인도주의의 꽃이 피어서가 아니다. 만약 상황이 이렇다면, 인도주의와 평화주의의 대결 구도는 현실과 동떨어진 드라마에 불과할 것이다. 평화의 이상을 가로막는 건 인도적 전쟁이 아니라 대다수 인간의 윤리적 곤궁일 테니 말이다.

전쟁의 성격이 변모했다는 사실도 상황 평가를 복잡하게 만든다. 모인은 비타협적 평화주의자였던 톨스토이의 일화로 책을 여닫지만, 톨스토이가 경험했던 전쟁은 현대 전쟁과 다르다. 톨스토이가 "우리 시대의 노예제"로 규정하고 강하게 규탄했던 전쟁은, 정치 지도자들의 야욕에 국민이 목숨을 걸어야 했던 시대의 분쟁 해결 수단이었다. 켈로그-브리앙 조약(1928)과 제2차 세계대전을 지난 현대 국제질서에서 전쟁은 이제 국가 간 분쟁 해결 수단으로 용인되지 않는다. 대신 전쟁은 극도로 예외적인 경우에—예컨대 극심한 인권 침해를 막기 위한 최후의 수단으로—다자간 절차를 통해서만 허용된다는 규범이 정착했다.* 우리가 부정의에 맞서기 위해 무력 충돌이 정당화되는 경우도 있다고, 그래서 전쟁을 노예제에 비유하는 것은 지나치게 단순하다고 느낀다면, 이처럼 전쟁의 촉발 조건 자체가 변한 시대에 살아서일지 모른다.

윤리적 안일함과 상상력의 빈곤함

그런데 이 책의 장점도 이전 저작의 그것과 유사하다. 『인권이란 무엇인가』와 『충분하지 않다』에서 모인은 국제인권운동이 지구정의(global justice)의 전부인 듯 착각해서는 안 된다고 경종을 울린다. *Humane*은 인도적 전쟁은 윤리적으로 괜찮다고, 우리가 현실적으로 희망할 수 있는 최대치라고 믿으려는 경향을 경계한다. 그의 저작을 관통하는 문제의식은 진보 진영의 윤리적 안일함과 상상력의 빈곤이다. 비록 인과적 차원에서 인도주의가 평화주의를 죽여 버린 게 아니라 하더라도, 인도적 전쟁에 만족한 나머지 더 견고한 평화의 가능성을 떠올리지도 못하는 상황은 분명

---

* 강대국들이 때로 이 규범을 위반한다는 것은 또 다른 문제이다.

이상적이지 못할 것이다. 이런 가능성을 환기하는 용도로 모인의 도발적인 전쟁사는 의미가 있다.

송지우
본지 편집위원. 정치철학, 법철학, 인권학의 교집합에 있는 문제를 주로 연구한다.

『인권이란 무엇인가』 새뮤얼 모인 지음, 공민희 옮김, 21세기북스, 2011

국제인권운동이 1945년의 세계인권선언 채택 시점이 아니라, 사회주의 운동을 비롯한 다른 "유토피아"의 꿈이 소멸한 1970년대에 이르러서야 주목받기 시작했으며, 다른 유토피아들과는 달리 탈정치화, 탈이데올로기화된 소박함을 무기로 결국 "마지막 유토피아"의 자리를 차지했다는 비판적 서사로 화제가 된 책.

"그래서 인권활동주의의 승리는 한때 낭만적이었던 반식민지적 국수주의에 대한 지식인 집단의 동정이 줄어드는 데 달려 있었다. 1970년대 후반에 다른 변형된 정치적 유토피아와 마찬가지로 민족자결주의도 서구 관찰자들에게 호소력을 상실했는데 그 까닭은 특히 잦은 폭력적 결과물 때문이었다." — 책 속에서

『충분하지 않다: 불평등한 세계를 넘어서는 인권』 새뮤얼 모인 지음, 김대근 옮김, 글항아리, 2022

국제인권운동과 경제 불평등의 관계를 검토하며 전자가 후자에 제대로 대응하지 못했다는 비판적 시각으로 화제를 모은 책. 지난 몇 년 사이 가장 널리 논의(논쟁)된 인권 연구서 가운데 하나이다.

"인권은 이론적으로도, 세계화된 경제 안에서의 충분한 보호라는 하한선에만 도덕적 초점을 맞춘 탓에, 분배적 불평등의 상한선이 없어지는 데 어떠한 방해도 하지 못했다. 국민 복지적 환경을 빼앗긴 채, 신자유주의 시대의 인권은 충분한 지급만을 목표로 하는 나약한 도구로 부상했다. 인권의 이름을 내건 정치적·법적 프로젝트는 불평등이 폭증하는 가운데 힘없는 동반자일 뿐이었다." — 책 속에서

최병천 지음

글로벌 자본주의 변동으로 보는
한국 불평등 30년

메디치

『좋은 불평등』
최병천 지음, 메디치미디어, 2022

우회 말고 정공을 기대한다

김두얼

제3의 길?

좋은 불평등도 있을까? 최병천은 그렇다고 한다. 보수 성향의 인사가 그런 이야기를 하면 그러려니 할 수 있다. 그런데 그는 아니다. 오랜 기간 진보 정당과 민주당에 몸을 담은 진보 성향 인사다. 그냥 진보 진영 사람 중 한 명이 아니라 민주당 싱크탱크인 민주연구원에서 부원장을 지낸 정책연구자다. 그런 중량감 있는 인물이 붙였으리라 생각하기 어려운 어구를 제목으로 내세웠다.

"한국경제 불평등에 관한 기존의 잘못된 통념 뒤집기"(13쪽)를 목표로 삼았다고 책머리에 선언한 것에 걸맞게, 그는 이 책에 불평등에 대한 일반적인 생각 특히 진보 진영의 통상적 인식을 깨는 내용을 많이 담았다. 핵심 주장은 다음과 같다. 첫째, 모든 불평등이 나쁜 것은 아니다. 성장으로 인해 상위 계층의 소득이 증가한 결과 나타나는 소득격차 확대는 좋은 불평등이다. 둘째, 우리나라의 불평등이 상승하게 된 시발점은 1997년 외환위기가 아니라 그 이전인 1994년이다. 셋째, 진보 진영에서는 재벌, 신자유주의, 비정규직 같은 내부 요인을 불평등 상승의 원인으로 꼽고 개선하기 위한 정책 방안을 강구해 왔지만, 이는 틀린 진단이다. 우리나라의 불평등 상승은 1990년대 초부터 시작된 중국의 개혁개방이라는 외부 요인이 주도적으로 작용한 결과이다. 반대로 2015년 이후 불평등의 하락 역시 중국 경제의 구조조정 등으로 인해 수출이 줄어든 탓이다. 한마디로 요약하자면, 한국경제 불평등은 "중국발 불평등"(121쪽)이다. 넷째, 불평등 문제를 개선하려면 경쟁력 강화를 통해 수출을 늘리고 계층 간 이동이 보다 수월하게 이루어지도록 함으로써, 경제성장을 통한 과실을 누구나 향유하는 방안을 마련해야 한다. 재분배 정책의 경우는 노년층에 초점을 맞추어야 한다. 이들은 소득이 가장 적으면서 동시에 더 이상 일을 하지 못하기 때문에 경제성장의 과실에 직접 접근하기 어렵기 때문이다.

저자는 이 책이 "일반 시민을 위한 한국경제 불평등 교과서"(12쪽)로 자리 잡았으면 하는 희망을 피력했다. 이것은 단순히 일반 시민의 인식 제고에 기여하고 싶다는 마음을 드러냈다기보다는, 민주당을 비롯해 우리나라 진보 진영의 정책 방향을 새롭게 설정하는 토대를 만들겠다는, 궁극적으로는 보수와 진보를 아우르는 "제3의 길"을 제시하고 싶다는 바람을 이야기한 것으로 느껴진다. 나는 저자가 이 책에 이러한 희망에 맞는 내용을 상당히 담았다고 생각한다. 특히 불평등의 결정 요인으로 대외적 요인의 중요성에 대한 서술이나 문재인 정부의 소득주도성장 관련 정책에 대한 비판은 진보 진영에서 곱씹어야 할 내용이다. 아울러 불평등에 대한 논지를 전개하기 위한 기초로 우리나라와 세계 경제의 역사 및 현황을 서술한 내용도 일독을 권할 만하다.

하지만 이런 장점에도 불구하고 이 책은 많은 문제를 안고 있다. 이 책의 뼈대일 수 있는 위에 열거한 주요 주장들을 따라서 차근차근 짚어 보기로 하자.

좋은 불평등은 좋은 개념이 아니다

사람들은 경제적 불평등이 사회에 해롭다고 생각한다. 소득격차가 커질수록 체제의 정당성에 대한 신뢰가 무너지고 사회통합이 깨질 수 있기 때문이다. 그래서 불평등이 너무 커지지 않도록 노력하는 것이 당연하다고 여긴다. 최병천은 이런 통념에 반기를 든다. 모든 불평등이 나쁜 것은 아니며 좋은 불평등도 존재한다고 주장한다. 저자는 경제가 성장해서 고소득층의 소득이 더 빨리 증가한 결과 사회구성원 간 소득격차가 커진 것은 좋은 불평등이라고 정의한다.

불평등을 싸잡아 죄악시하기보다는 면밀하게 분류하려는 최병천의 접근은 높이 평가받아야 한다. 아울러 이러한 인식은 경제학자들의 전통적인 생각과 비슷한 측면이 있다. 많은 경제학자들은 모든 사회구성원의 소득이 동일한 것을 이상적이라고 여기지 않는다. 어느 정도의 불평등은 어쩔 수 없을 뿐 아니라 사회 경제 발전에 도움이 된다고 생각하는 경향이 있다.

이런 유사점에도 불평등에 대한 최병천의 시각은 경제학자들과는 매우 다르다. 경제학자들은 불평등의 좋고 나쁨 혹은 허용 가능 정도를 규정할 때 일차적으로 불평등의 크기를 기준으로 삼는다. 그리고 불평등이 경제주체들에게 유인을 제공해서 경제 발전을 가져오는 측면을 긍정적으로 여긴다. 반면 이 책에서 최병천은 불평등을 평가하는 다른 잣대를 제시한다. 그는 불평등의 원인이 무엇인가로 좋은 불평등과 나쁜 불평등을 구분한다. 경제가 성장해서 돈을 많이 버는 사람들이 생기고 그로 인해 사회구성원 간 소득격차가 늘어난다면 그건 좋은 불평등이라고 이야기한다. 반면 경제가 쇠퇴해서 고소득층이 줄어들어 불평등이 감소하면 이것을 나쁜 평등이라고 규정한다.

좋은 불평등에 대한 최병천의 정의는 이처럼 경제학적으로 비전통적일 뿐 아니라 논리적으로 심각한 문제가 있다. 따지고 보면 그가 제시한 것은 불평등에 대한 개념 정의가 아니라 "성장은 좋은 것이다"라는 언명을 되풀이하는 동어반복이기 때문이다. 즉 경제성장은 좋은 것인데, 경제성장으로 불평등이 증가했다면 그건 경제성장의 결과이므로 좋은 불평등이라는 것일 뿐이다. 불평등이 증가했는지 줄어들었는지 혹은 소득격차가 어느 정도인지가 중요한 것이 아니라 경제성장 속에서 일어난 불평등 증가라면 좋은 일이라는 주장은, 극단적으로 말해 불평등을 문제 삼는 것이 무의미하다는 함의를 가진다고도 할 수 있다.

좋은 불평등을 의미 있는 개념으로 만들고자 했다면, 최병천은 경제성장 여부 외에 조건 하나를 추가했어야 했다. 경제성장으로 인해 소득격차가 심화되더라도, 상대적으로 이득을 더 많이 본 사람들로부터 그렇지 않은 사람들에게로 소득 재분배가 이루어지는 메커니즘이 원활하게 작동해야 한다는 것이다. 물론 그는 책에서 우리나라 정부가 실시한 소득 재분배 정책을 비교적 상세하게 다룬다. 하지만 좋은 불평등이라는 개념과 정부의 재분배 정책이 어떤 방식으로 결합되어야 하는지 혹은 재분배는 얼마나 이루어져야 하는지 등에 대해서는 충분한 논의를 전개하지 않았다. 그러다 보니 재분배 정책에 대한 서술은 구체적인 정책을 소개하고 나열하는 데 함몰되었다. 이 점에 대해서는 후반부에서 추가로 다루기로 한다.

정형화된 사실의 문제점

지난 40여 년 동안 우리나라의 불평등이 변화해 온 추이는 이 책의 논의를 전개하기 위한 뼈대이다. 경제학자들은 흔히 이런 정보를 정형화된 사실(stylized fact)이라 부른다. 저자는 정형화된 사실을 제시할 때 매우 신중해야 했다. 만일 정형화된 사실이라고 내놓은 정보에 흠결이 있는 경우, 저자의 논의는 신뢰를 잃거나 뿌리째 무너질 수 있기 때문이다.

최병천은 1980년부터 2019년까지 우리나라에서 근로소득자가 받는 임금의 불평등 정도를 측정한 임금지니계수의 추이(〈그림 1〉)를 글머리에 정형화된 사실로 제시했다. 그리고 이를 근거로 한국경제 불평등이 1980년대에 지속적으로 하락하다가 1994년부터 2008년까지 증가했다고 주장한다. 1994년이 불평등 추세 변화의 분기점이라는 명제는 우리나라의 불평등이 1997년 외환위기 때부터 시작되었다는 진보 진영의 기본 인식을 비판하는 중요한 증거로 활용된다. 그뿐 아니라, 우리나라의 불평등이 내적 요인보다 외적 요인에 기인한다는, 이 책의 가장 중요한 주장의 핵심 근거 중 하나로 제시된다.

나는 예전부터 1997년 외환위기를 우리나라 불평등 증가의 기점으로 보는 주장이 문제가 있다고 생각해 왔기 때문에, 최병천의 주장에 대해서는 심정적으로 동의한다. 하지만 이 자료 하나를 근거로 우리나라의 불평등이 1997년부터 증가하기 시작했다는 진보 진영의 기존 통념은 틀렸고 반대로 1994년부터 증가했다고 주장하는 것에는 동의할 수 없다. 〈그림 1〉에 따르면 1994년의 지니계수가 가장 낮은 것은 사실이다. 하지만 지니계수의 본격적인 상승 추세가 나타나는 시점을 1998년부터로 볼 여지도 충분하다. 1994년부터 1997년까지 3년간의 지니계수 증가와 1997년부터 2000년까지 3년간의 지니계수 증가 폭을 비교해 보면, 후자가 훨

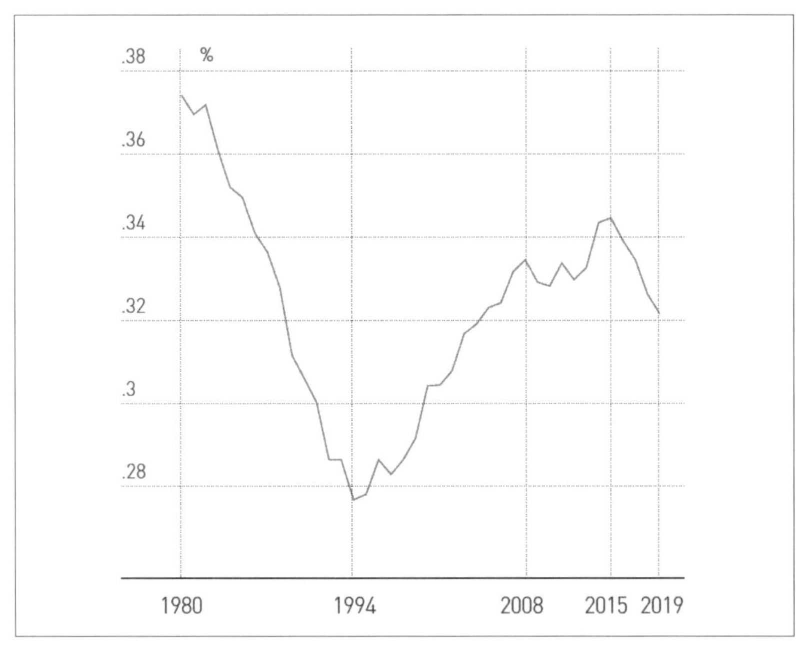

〈그림 1〉 임금의 지니계수 추이, 1980-2019.
(출처: 『좋은 불평등』, 52쪽, 메디치미디어 제공)

씬 크고 이후 추세와도 유사하게 움직이기 때문이다. 아울러 1992년부터 1997년까지의 기간에서 연도별 지니계수의 편차는 고작 0.01-0.02 정도에 불과할 정도로 매우 작기 때문에, 1994년을 콕 집어 큰 의미를 부여하기보다는 1992-1997년을 지니계수가 가장 낮은 구간으로 보는 것이 적절하다.

임금 격차만을 가지고 우리나라 불평등의 추이를 단정하는 것 역시 받아들이기 어렵다. 사회구성원의 경제적 불평등을 포괄적으로 측정함에 있어서는 소득이 임금보다 적절하다. 사람들은 임대소득이나 배당소득처럼 임금 외의 소득을 얻기도 하기 때문이다. 그리고 우리나라는 자영업자

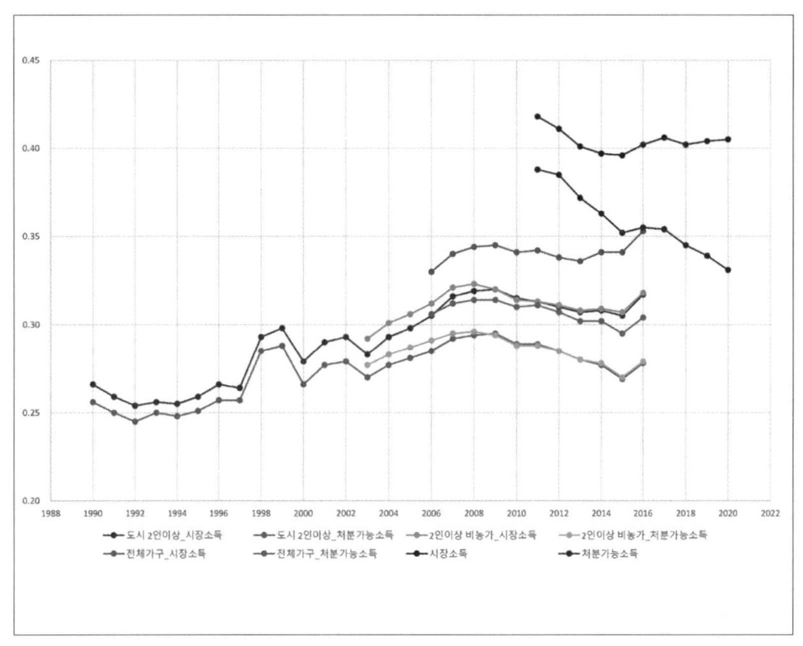

〈그림 2〉 소득지니계수, 1990-2020.
자료: 통계청

가 많기 때문에 임금 아닌 수입원을 가진 사람이 매우 많다. 따라서 우리나라 전체의 불평등 추이를 이야기하려면 임금보다는 소득의 격차를 살펴보거나, 적어도 여러 지표를 두루 살펴보는 작업을 병행했어야 했다. 참고로 〈그림 2〉는 1990년부터 현재까지 우리나라의 소득지니계수를 추정한 결과인데, 이 자료 역시 1994년을 불평등 추이의 분기점이라고 볼 만한 명확한 근거는 보여 주지 않는다.

전체 논의의 중추가 되는 사실을 확정하고 제시함에 있어서 포괄적이면서 세심한 검토 없이 자신의 주장에 가장 부합한 증거만을 제시한 점 그리고 그렇게 제시한 증거를 엄격하게 따지기보다는 아전인수격으로 해석한 점은 저자의 논지를 심각하게 훼손했다. 그렇게 함으로써 이 책에 담겨 있는 많은 중요한 내용들에 대해서도 신뢰성을 떨어뜨렸다.

불평등의 원인

최병천은 1990년대부터 2008년까지의 불평등 증가를 야기한 네 가지 요인을 제시한다. 첫째, 1987년 노동의 민주화이다. 과거에는 권위주의 정부가 임금 인상을 억제해서 임금 격차가 크지 않았지만, 1987년 이후로는 이러한 통제가 사라짐으로써 대기업과 중소기업 간 임금 격차가 크게 벌어졌다. 둘째, 한국과 중국의 수교이다. 한국의 많은 기업은 중국과의 교역 및 투자를 통해 큰돈을 벌었지만, 노동집약적 산업은 몰락함으로써 소득격차가 발생했다. 셋째, 1997년 외환위기이다. IMF의 요구에 따라 기업들은 부채 비율을 크게 줄였고, 그 과정에서 좋은 일자리가 줄어들었다. 넷째, 중국의 WTO 가입이다. 중국에 대한 수출이 크게 증가하면서 고소득 일자리가 늘어났고, 이것이 '좋은' 불평등의 증가를 촉진했다.

이처럼 그는 1980년대 말부터 2000년대에 발생한 여러 사건들을 불평등 증가의 중요한 계기로 꼽았지만, 이 가운데서도 중국이라는 외적 요인을 가장 중요한 원인으로 지목한다. "1990년대 이후 한국경제 불평등에 가장 큰 영향을 미친 단 하나의 요인"(122쪽)을 꼽는다면 그것은 중국이며, 1994년부터 2008년까지 진행된 불평등 증가는 "재벌, 신자유주의 정책, 비정규직 등의 내부 원인이 아니라 외부 원인이 더 결정적"(122쪽)으로 작용했다고 주장한다. 반대로 2015년 이후 불평등 감소는 중국에 대한 수출이 위축되면서 고소득층의 소득이 줄어들어 소득격차가 작아진 탓이라고 설명한다.

그의 주장은 명쾌하다. 하지만 수긍하기는 어렵다. 그가 열거한 네 요인이 1994-2008년 기간 동안의 불평등 변화에 각각 얼마만큼 영향을 미쳤는지를 측정해서 평가한 결과가 아니기 때문이다. 물론 저자는 이 주장을 뒷받침하기 위해 수출이나 경제성장 같은 변수들과 불평등 변수 간의 동조성을 증거로 내세웠다. 그러나 이것은 아무리 좋게 보아도 정황적 증거일 뿐이며, 중국이라는 외부 요인이 내부 요인을 압도할 만큼 절대적이었다는 증거는 더더욱 아니다.

그렇다면 저자는 이 순간 멈추었어야 했다. 명확한 근거도 없이 중국이라는 요인이 외환위기보다 절대적이었다고 단언하기보다는, 전자가 그동안 간과되었지만 양자 모두가 중요했다고 마무리했어야 했다. 물론 이렇게 되면 다소 명쾌하지 않을 수 있다. 하지만 제대로 알지 못하는 것에 대해서는 겸손해야 한다. 저자는 그러지 못했다. 그 점이 안타깝다.

불평등의 진짜 원인과 해법

최병천은 우리나라의 불평등을 결정한 핵심 요인을 파악하는 데 심혈을 기울였다. 특히 대외 경제 요인과 국내 경제 구조 가운데 어떤 요인이 더 큰 영향을 미쳤는지를 분석하고 설명하는 데 많은 지면을 할애했다. 그런데 그는 우리나라 불평등 수준을 최종적으로 결정하는 가장 중요한 요인을 빼놓고 논의를 전개하고 결론을 도출하는 커다란 우를 저질렀다. 그것은 바로 정부의 재분배 정책이다.

〈그림 3〉은 OECD의 데이터베이스를 이용해서 2017-2020년 기간 동안 국가별 지니계수를 비교한 결과이다. 이 가운데 (A)는 시장에서 결정된 소득을 기초로 불평등을 측정한 시장지니계수를 보여 준다. 우리나라

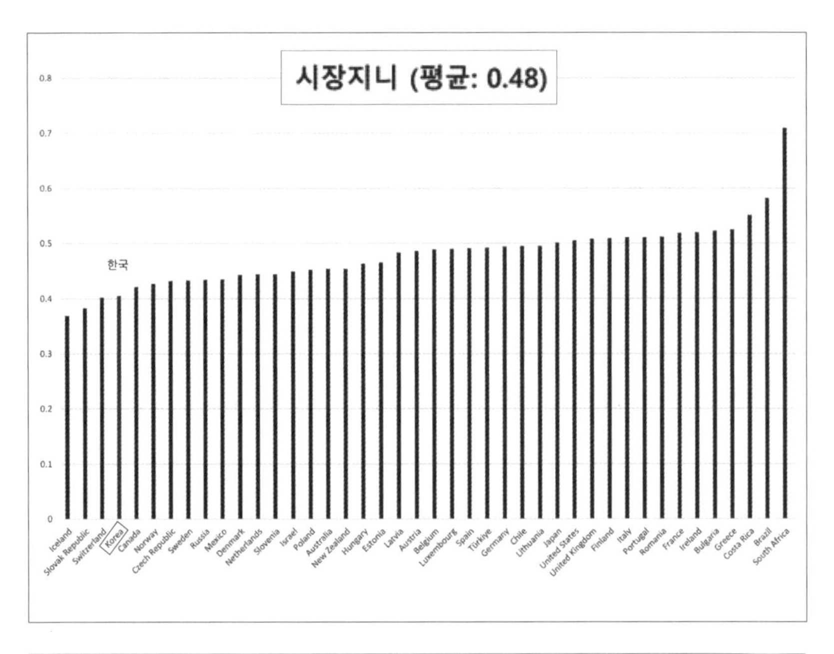

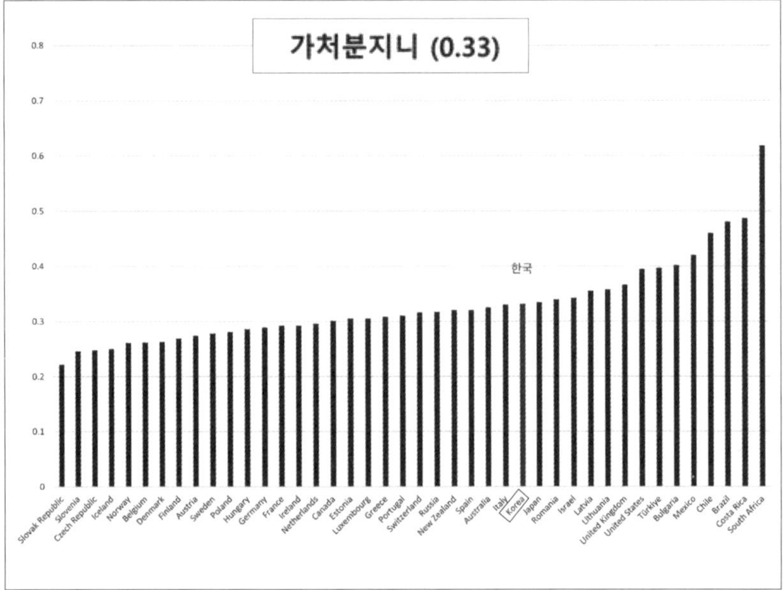

〈그림 3〉 OECD 데이터베이스에 따른 국가별 소득불평등(2017-2020).
자료: OECD, "Income Distribution Database", https://stats.oecd.org/Index.aspx?DataSetCode=IDD

의 시장지니계수는 0.41로, 해당 국가 중 가장 낮은 수준에 속한다(이 값은 〈그림 2〉와 동일하다). 많은 사람들은 우리나라가 재벌이나 비정규직 등의 문제 때문에 불평등 수준이 매우 높다고 생각하지만, 이 자료는 다른 나라와 비교해 보면 그렇지 않을 수 있음을 보여 준다.

(B)는 정부가 세금을 걷고 소득이 낮은 사람들에게 소득을 이전한 뒤의 불평등 정도를 측정한 가처분지니계수를 보여 준다. 가처분지니의 평균 수준은 시장지니보다 0.15가량 낮은데, 이는 재분배 때문이다. 중요한 점은 우리나라의 경우 가처분지니계수에서 불평등의 상대 순위가 크게 올라간다는 사실이다. OECD 국가들의 지니계수는 평균 0.15 감소하지만, 우리나라는 절반에 해당하는 0.08 정도만 감소했다. 이는 우리나라 정부가 다른 OECD 국가들보다 소득 재분배에 소극적임을 의미한다. 그나마도 이 수치는 최근 들어 나아진 것이다. 〈그림 2〉는 과거로 갈수록 시장지니와 가처분지니 간의 격차가 점점 줄어듦을, 즉 정부의 재분배는 매우 미약했음을 보여 준다.

이 사실은 최병천의 논지에 근본적인 문제를 제기한다. 〈그림 1〉이나 〈그림 2〉에 따르면 1990년대 초와 2008년 사이에 지니계수는 0.05-0.06 정도 증가했다. 만일 정부가 이 기간 동안 2019년 기준으로 OECD 국가들이 실시하는 평균적인 재분배 정책을 펼쳤더라면 같은 기간 동안 가처분지니계수는 오히려 줄어들었을 것이다. 1994-2008년 기간 동안 여러 가지 대외적 요인이나 내부적 요인으로 인해 불평등이 증가한 것은 사실이다. 하지만 이 시기 불평등 증가의 원인이 내부 요인이냐 외부 요인이냐를 따지기에는 해당 기간 동안 정부가 실시한 재분배 수준은 너무 미약했다. 매우 단순하지만 이상의 정량적 정보는 우리나라에서 불평등이 문제가 되는 진짜 원인은 대외적 요인이나 국내 경제 구조적인 요인 때문이 아니라, 정부가 수행했어야 할 재분배 정책을 제대로 실시하지 않았기 때문임을 보여 준다.

사람이 아플 때 최선의 대응은 통증의 원인을 제거하는 것이다. 하지만 많은 질병은 원인 제거가 어렵거나 불가능하다. 그럴 때는 통증을 완화하는 접근을 택할 수 있다. 병을 완전히 치료하지는 못하더라도 질병의 악화를 막으면서 통증을 줄인다면 결과적으로는 치료한 것과 마찬가지일 수 있다. 불평등에 대한 대응도 마찬가지다. 불평등의 원인을 파악하는 것은 매우 중요하다. 하지만 그 원인을 찾아냈다고 해서 근본적으로 해결되는 것은 아니다. 재분배 정책은 어떤 면에서는 원인의 해결보다는 증상의 완화를 추구하는 접근에 가깝다. 정부가 적절한 재분배 정책을 실시한다면 대외 요인이나 경제 구조 등으로 불평등이 증가하더라도 어느 정도 관련 문제를 완화할 수 있다.

불평등 문제에 접근할 때 가장 먼저 생각해야 할 이와 같은 고려를 이 책에서는 찾기 어렵다. 대신 최병천은 불평등의 원인을 추적하는 데 대부분의 노력을 기울였다. 만일 그가 학자라면 이런 접근이 자연스러울 수 있다. 그러나 그는 정책 연구자다. 원리의 규명만큼이나 현실을 개선하는 구체적 방안을 제시하는 데 더 초점을 맞추었어야 하지 않을까? 대내외적 요인으로 상승하는 불평등을 억제할 수 있는 재분배 정책을 정부가 왜 도입하지 못했는지 나아가 이를 위해 무엇을 해야 할지에 대한 통찰을 제공했어야 하지 않을까? 불평등을 새롭게 이해하고 이를 토대로 뭔가 신선해 보이는 제3의 길을 모색하기보다는, 진보 진영이 전통적으로 추구했던 재분배 강화라는 정책 노선을 왜 그동안 제대로 정책화하지 못했는지 철저히 반성한 뒤에 미래를 모색했어야 하지 않을까? 그러지 못한 것이 아쉽다.

진정한 진보의 길

1987년 민주화 이후 지난 30여 년 동안 진보 진영은 세 명의 대통령을 배출했다. 임기가 5년이니 절반 가까운 기간 동안 정권을 잡았었다는 뜻이다. 그럼에도 우리나라의 재분배 수준은 다른 나라들보다 낮은 축에 속하며, 그 결과 최종적인 불평등 수준 즉 가처분소득의 격차는 평균보다 다소 높은 편이다. 나는 이런 상황이 초래된 가장 중요한 이유가 진보 진영이 문제를 정면돌파하기보다 우회해 왔기 때문이 아닌가 생각하곤 한다. 예를 들어 문재인 정부는 불평등 개선을 목표로 최저임금 인상이라는 정책을 강행했다. 나는 이 정책의 이론적 부실함이나 정책이 초래한 여러 가지 부작용 이전에 이런 전략을 선택한 근본적인 출발점에 문제가 있다고 생각한다. 즉 집권여당이 주도해서 국민과 야당을 설득하고 입법을 통해 세금을 올리고 정부 지출을 늘리는 정공법을 통해 저소득층의 생활을 개선하기보다, 최저임금 인상이라는 방식으로 그 짐을 기업들에게 모두 떠넘기는 우회로를 택한 점이 가장 큰 문제라는 뜻이다.

최병천은 이 책에서 지난 정부의 최저임금 인상이라는 구체적 정책부터 시작해서 우리나라 진보 진영이 가진 불평등에 대한 인식의 문제점을 예리하게 지적했다. 하지만 그 역시 가장 중요한 문제에 정면으로 맞서지 않았다. 대내외적 경제 상황보다 정부의 소극적 태도가 불평등 상황 악화에 더 큰 책임이 있다는 것을 인식하지 못했고 지적하지 않았다. 정부가 문제 해결을 위해서 누구를 지원해야 한다는 점은 구체적으로 서술했지만, 재원을 어떻게 마련할지와 같은 핵심 문제는 언급하지 않았다. 최병천이 왜 그랬는지는 알 수 없다. 단 그 역시 정공법을 택하지 않았다는 것만을 책에서 확인할 수 있었을 뿐이다.

결국 이 책이 나에게 일깨워 준 것은 우리나라의 불평등 문제를 개선하려면 "제3의 길" 같은 인식의 전환이나 새로운 정책 발굴 이전에 기본을 되짚고 다지는 것이 더 중요하다는 사실이다. 최병천 혹은 그의 후예라 할 만한 진보 정책 연구자들이 내놓을 다음 책에 담았으면 하는 내용이다.

김두얼
본지 편집위원. 현재 명지대학교에서 경제사, 제도경제학, 법경제학 등을 연구하고 강의한다. 지은 책으로 『경제성장과 사법정책』, 『한국경제사의 재해석』, 『사라지는 것은 아쉬움을 남긴다』, 『살면서 한번은 경제학 공부』가 있다.

『세습 중산층 사회』 조귀동 지음, 생각의힘, 2020

**우리나라 불평등의 현황과 원인을 포괄적으로 다룬 역작.
전라도에 대한 차별과 그 귀결을 심층적으로 다룬 저자의 최근작
『전라디언의 굴레』(생각의힘, 2021)도 함께 권한다.**

"오늘날 20대가 경험하는 불평등의 본질은 부모 세대인 50대 중산층이 학력(정확히는 학벌)과 노동시장 지위를 바탕으로 그들의 자녀에게도 동일한 학력과 노동시장 지위를 물려주는 데 있다. 세습 중산층의 자녀가 '번듯한 일자리'를 독식하는 게 2019년의 20대가 1999년 또는 2009년의 20대와 다른 점이다. 이렇게 심화된 '격차 고정'은 결혼, 주택 등 생애주기에서의 기회에까지 강력한 영향력을 행사한다. 결혼과 주택 문제는 세습 중산층과 나머지 사람들 간의 격차 심화의 결과이면서 그와 동시에 격차가 더욱 벌어지게 하는 요인이다." — 책 속에서

『두 발로 선 경제: 공정 그리고 혁신』 이용우 지음, 한빛비즈, 2021

**금융 전문가이면서 더불어민주당 현역 국회의원이 쓴
한국경제 진단서.**

"자본주의의 꽃은 기업이다. 그런데 우리 사회는 기업경영에 대해서 정확하게 알지 못한다. 회사의 주인은 주주이고, 모든 주주를 대표하는 이사회가 경영권을 위임받은 임원들을 선임하고, 관리감독하는 역할을 수행하는 것이 원칙이다. 회사를 설명하기 좋은 사례는 의원내각제의 선거 시스템과 의결 시스템, 그리고 각료 임명 과정이다. 자본주의와 민주주의는 이원삼각체제라는 진리를 잊어서는 안 된다. 재벌 총수들이 자기 이익과 회사 이익을 구분하지 못하는 것은 분명 자본주의 사회의 원칙이 아직 실현되지 못하고 있다는 증거다." — 책 속에서

자치와 공동성의 세계 디자인하기

PLURIVERSE

플루리버스

아르투로 에스코바르 지음 | 박정원 · 엄경용 옮김

알렙

『플루리버스』
아르투로 에스코바르 지음, 박정원·엄경용 옮김, 알렙, 2022

다른 세계를 디자인하고 선언하는 인류학자

조문영

발전 담론 비판에서 플루리버스의 존재론으로

인류학자는 구체성을 소중히 여긴다. 추상적인 개념이나 이념으로 성급하게 건너뛰기보다, 작고 세세한 일들에 주의를 기울이면서 현상을 이해하고 모순을 발견한다. 샹뱌오*는 이런 인류학자를 중국의 '향신(鄕紳)'에 비유했다. 일상의 질감을 중시하면서 디테일을 관찰하며 기록하는 사람, 중심에 동화되기보다 일정한 거리를 유지할 줄 아는 사람이 향신이다. 역사에 존재했던 개개의 인물이라기보다 세계를 대하는 방법, 기질, 태도에

---

* 샹뱌오(項飆)는 이주 연구로 널리 알려진 중국 출신의 인류학자로, 현재 독일 막스 플랑크 사회인류학 연구소 소장을 맡고 있다.

가깝다.* 특정 지역에서의 장기 현지조사는 인류학자를 향신으로 만드는 주된 연구 방법이다.

하지만 역사상의 향신처럼, 인류학자도 제 주변에 몰입하다 바깥을 내다보지 못할 때가 허다했다. 19-20세기 비서구 원주민 사회가 유럽인과 접촉을 거치며 동요하던 때에도, 자신이 연구하는 부족과 지역을 유럽의 과거로, 인류 문화의 원형으로 취급하면서 현미경적 관찰에 몰두했다. 인류학자뿐 아니라 많은 연구자가 문화와 사회를 유기체로 바라보면서 오장육부의 기능을 논하듯 (유기체의 존속에 기여하는) 제도들의 역할을 탐구하던 시절이었다.

이러한 연구는 20세기 중반이 지나면서 쇠락의 길을 걸었다. 비서구 지역을 화석처럼 다루는 접근은 식민 지배를 벗어나 독립 국가의 성원이 된 지역민한테도, 전쟁을 거치면서 유럽 중심 근대성에 깃든 폭력을 절감한 서구 지식인한테도 용인되기 어려웠다. 인류학 연구도 이 시기에 폭발적으로 등장한 여러 사조와 만나면서 비판과 성찰의 폭을 넓혔다. 마르크스주의, 종속이론, 페미니즘, 포스트 식민 연구, 실천이론, 포스트 구조주의 등 다양한 이론과 대화하면서, 학자들은 인류학의 현지(field)를 서구 백인 남성 중심의 세계 질서가 공고해지거나 균열을 일으키는 구체적인 장소로 재발견했다.

이 책의 저자인 아르투로 에스코바르(Arturo Escobar)는 인류학의 비판적 전회(turn)를 선도한 대표적 인물이다. 미국 대학의 교수로 남았지만, 연구자이자 활동가로서 (자연은 물론) 지식의 '채굴주의'에 반대하면서 고국인 콜롬비아와 교류를 지속했다. 콜롬비아의 땅, 광산, 선주민, 저항운동, 아니 이 모든 것의 얽힘을 서구 이론의 가공을 거쳐야 할 원료(자료)로 남

* 샹뱌오, 김유익·김명준·우자한 옮김, 『주변의 상실: 방법으로서의 자기』(글항아리, 2022) 참조.

겨 두지 않고 새로운 개념과 논의가 분출하는 장으로 등장시켰다. 그가 특히 주목한 주제는 '발전(development)', 즉 서구와 비서구, 글로벌 북반구와 남반구를 가르면서 후자에 대한 전방위적 착취, 수탈, 채굴, 낙인, 억압을 용인한 지배 담론이자 장치다. 북아메리카와 유럽의 산업화된 국가들은 어째서 제2차 세계대전 이후 아시아, 아프리카, 라틴아메리카의 나라들이 반드시 좇아야 할 모델이 되었을까? 첫 책 『발전과 조우하기: 제3세계의 구성과 해체』에서 에스코바르는 전후의 발전 담론이 이른바 '제3세계'를 발굴해 낸 과정을 세밀하게 분석하면서 이 질문에 답하고자 했다. 이제 인류학자가 세심하게 관찰해야 할 대상은 특정 지역에 국한되지 않고 발전을 당연한 공리로, 유일한 미래로 만들어 낸 제도, 담론, 국제기구, 원조기관 등으로 늘어났다. 비판적 발전인류학의 동반자였던 제임스 퍼거슨(James Ferguson)이 이 책의 추천사에 썼듯, 발전은 "보편적 문제를 해결하기 위한 상식적 시도가 아니라 (그 등장 자체를 낯설게 봐야 할) 역사적·문화적으로 특수한 프로젝트"가 됐다.*

『발전과 조우하기』는 인류학 안팎에서 널리 읽히면서 발전 연구의 고전으로 남았지만, 에스코바르는 (그 자신에게 깊은 영향을 끼친 미셸 푸코의 통치 이론을 포함하여) 담론 비판이 다른 세계의 가능성을 외려 닫아 버리는 문제를 오랫동안 고민한 것으로 보인다. "어떻게 단순한 비판을 넘어 '가능한 것의 이론가'로서 우리를 배양할 수 있을까요? 비판이론에서 중요한 지배의 순간을 통해서뿐 아니라, 차이와 그로 인한 가능성의 순간을 통해 사회적 텍스트를 읽어 낼 수 있을까요?"(437쪽) 『플루리버스』에 부록으로 실린 인터뷰에서 그가 던진 질문이다. 비슷한 딜레마와 대면했던 퍼거슨이 아프리

* Arturo Escobar, *Encountering Development: The Making and Unmaking of the Third World*, Princeton University Press, 1995.

사파티스타 지역의 표지판. "당신은 사파티스타 반란군 영토에 있습니다. 이곳에서 인민은 명령을 내리고, 정부는 이에 복종합니다.(위쪽) 북부 지역. 좋은 정부 위원회, 무기 거래, 마약 재배, 마약 사용, 알코올 음료, 목재 불법 판매는 엄금. 아무도 자연을 파괴해서는 안 됩니다.(아래쪽)"
(출처: 위키피디아)

카에서 활발히 전개되는 분배, 기본소득, 몫(share)의 정치에서 가능성을 포착했다면,* 에스코바르는 그가 『발전과 조우하기』 후반부에서 언급했던 라틴아메리카의 저항운동을 새롭게 해석했다. 예컨대 "우리는 수많은

* 제임스 퍼거슨, 조문영 옮김, 『분배정치의 시대: 기본소득과 현금지급이라는 혁명적 실험』(여문책, 2017); James Ferguson, *Presence and Social Obligation: An Essay on the Share*(Prickly Paradigm Press, 2021).

세계를 담아 낼 수 있는 세계를 원한다"라는 사파티스타(멕시코 치아파스주에 기반을 둔 혁명 단체)의 선언은 자본주의·제국주의 비판을 넘어 다중의 우주와 세계—'플루리버스'—가 존재하는 지구를 상상하도록 돕는다. 이 상상은 헛짓거리가 아니다. 무수한 존재들이 살아가는 지구에서 미래의 전망을 앗아간 인간들이 더 늦기 전에 고려해야 할 심각한 제안이다.

새로운 위기, 새로운 대안, 새로운 이론

『플루리버스』에서 에스코바르는 지구 거주자인 우리가 오늘날 직면한 위기가 과거와 다르다는 점을 강조한다. 신자유주의 흐름과 자본주의 경제 모델, 개인주의와 소비주의, 생명에 적대적인 문화, 기후변화에 대응하지 못하는 국제 정치, 세계의 재서구화·탈서구화를 위한 지정학적 투쟁, 군산복합체까지, 그가 열거한 문제들은 사실 꽤 익숙하고 진부하기까지 하다. 하지만 위기는 "이 모든 것이 연결되어 있다는 사실"(7쪽)에서 비롯된다. 문제들이 서로 연쇄적으로 얽히면서 지속불가능성이 구조화되고, 가능한 미래의 선택지가 줄어들고 있다. 토니 프라이가 우리 앞의 위기를 "탈미래화(defuturing)"로 부른 이유다.

새로운 위기는 새로운 대안을 요구한다. 에스코바르가 보기에 파국으로 치닫는 현재의 전 지구적 자본주의는 전술한 문제들의 조합으로서, 존 로(John Law)가 '오직 하나의 세계로 구성된 세계(One-World World)'라 명명한 근대의 존재론을 견지하고 있다. 이 세계만이 유일한 실재이고, 나머지 세계들은 "이 유일한 세계('the' world)로 환원되거나 아예 존재하지 않는 것으로 취급된다."* 약탈을 통한 축적을 섭리로 만든 자본주의에 맞서려면 누구든 '오직 하나의 세계'를 강요하는 움직임을 거부하고, "복수의 세계가 서로 얽히는 상황을 장려하고 직조"(380쪽)할 수 있어야 한다.

에스코바르는 이 작업을 '전환'이라 묵직하게 명명했으나, 이전까지 없었던 움직임을 새롭게 등장시켜야 한다는 의미는 아니다. 자본주의의 파괴력이 가장 끔찍했던 순간에도 지구상의 존재들은 발전이 유일한 규범, 가치, 꿈, 미래가 되는 세계를 거부하면서 다른 세계를 출현시키기 위해 애써 왔다. 특히 그는 지난 삼십여 년 동안 라틴아메리카에서 펼쳐진 전환의 움직임을 들여다보라고 자신 있게 말한다. "수많은 선주민, 농민, 그리고 흑인 운동가들이 주도하는 세계의 변화와 문명의 전환이 유럽 중심 이론의 관점에서는 생각할 수 없는 경로를 따라 일어날 수 있고, 실제로 일어나고 있다!"(133-134쪽) 안데스 원주민들의 전통적 우주론이자 삶의 양식인 '부엔 비비르(Buen Vivir)'**는 서구 문명과 발전 개념에 대한 비판은 물론 관계성의 윤리, 공동체적 삶, 지속가능한 환경에 대한 비전으로 너른 공감을 얻고, 볼리비아와 에콰도르 헌법과 각종 개혁 정책에 반영되기까지 했다.

새롭게 등장한 대안은 새로운 이론을 요구한다. 에스코바르는 오늘날 실제로 세계(특히 비서구)에서 진행되는 전환 실천의 사례들이 기존 서구 이

---

* 김은중, 「문명의 전환과 존재론적 전회: 『중용』의 재해석과 부엔 비비르(Buen Vivir)를 중심으로」, 《라틴아메리카연구》 31(3), 2018, 22쪽.

** '좋은 삶', '조화로운 삶', '충만한 삶'을 의미하는 케추아어 수막 카우사이(Sumak Kawsay)를 스페인어로 번역한 것이다. 남미에서 '부엔 비비르'가 통치와 저항의 담론으로 본격적으로 부상하면서, 정치인과 활동가 집단은 불평등 해소에 방점을 둔 사회주의, 기존 발전주의로부터의 탈피를 주장하는 포스트발전주의, 정체성과 고유문화를 강조한 원주민주의 등 저마다 다양한 방식으로 이 담론을 전유하고 있다. 조영현, 「'부엔 비비르(Buen Vivir)' 담론 내부의 이념 노선에 대한 연구」, 《라틴아메리카연구》 32(1), 2019, 33쪽 참조.

론의 인식론적 자장 안에서 온전히 독해될 수 없다는 점을 강조한다. 주체와 객체, 마음과 몸, 이성과 감성, 삶과 죽음, 인간과 비인간 등을 나누는 이분법이 현대 진리 체계의 근간이 되어 왔음을 인식하고, 이러한 이분법이 차이를 위계적으로 범주화함으로써 무수한 차별과 폭력을 초래했음을 깨닫는 과정, 기존의 규범적 분리에서 벗어나 이질적 요소들을 한데 엮어 내고, 삶이 언제나 연결 속에서 존재한다는 감각을 회복하는 일련의 작업에서 이론, 정치, 윤리, 실천의 경계는 사실상 허물어진다. 에스코바르는 이 작업을 '존재론적 전환'이라 불렀다. 그가 언급한 대로 인류학, 지리학 등 여러 학문에서 지난 십여 년 동안 가장 다채롭게 펼쳐진 흐름이다. "감정, 느낌, 영성, 사건, 비과학적 지식, 몸과 장소, 비인간 존재들, 비유기체적 생명, 죽음 등"(166쪽) 우리 '현실'의 일부임에도 정작 학계에서 홀대받아 온 주제들에 관한 연구가 급증했다. 일상에서 존재론적 전환을 실천하는 연구자는 무심한 관찰자로 남지 않고 상호작용하는 드라마의 적극적인 행위자가 된다. "행위를 한다는 것은 자신을 변화시키는 것이며, 동시에 우주를 여는 것이다."(155쪽)

플루리버스를 디자인하기

사실 '존재론적 전환'은 곳곳에서 유행하는 흐름이어서 이를 주장하는 것만으로 책의 고유성을 논하기는 어렵다. 인간이 다른 부류의 존재들과 맺는 관계에 주목하고, 나아가 존재들의 얽힘에서 인간의 특권보다 그 책임을 강조하는 경향은 신유물론, 행위자-네트워크 이론, 어셈블리지 이론, 사변적 실재론, 정동 이론, 에코 페미니즘 등 다양한 이론에서 분출하며, 애초부터 타자에 관한 연구를 출발점으로 삼았던 인류학에서는 인간과 다른 생명의 관계성을 탐색하는 다종(multi-species) 에스노그라피가 묵직한 흐름을 형성하고 있다. 어디 학계뿐인가. 인류세, 기후변화, 동물권에 대한 대중적 관심이 확산하면서 근대성, 가부장제, 자본주의를 겨냥한 종래의 사회운동도 행성적 차원의 연대를 모색한다. 노동 해방, 여성 해방도 궁극적으로는 "어머니 지구의 해방"(360쪽)과 접속해야 한다.

이 책의 독특함은 다른 세계를 상상하고 복원하기 위한 도구, 전환을 위한 행위 방식과 존재 형태를 만드는 기술로서 디자인에 주목하고, 디자인의 관점에서 라틴아메리카에서 만개한 전환의 움직임을 탐구한다는 점이다. 에스코바르는 묻는다. "시장에 종속된 디자인이 형태와 개념, 영토와 물질을 지닌 창조적 실험을 향해 나아갈 수 있을까? 특히 지구와 함께 호흡하는 삶을 기획하기 위해 투쟁하는 서발턴* 공동체에 적합한 디자인을 설계할 수 있을까?"(19쪽)

기능적·합리주의적 전통에 깊이 뿌리 박힌, 저자 스스로 근대성의 기초적인 기술 정치라 명명한 디자인이 어떻게 문명의 전환을 이끌 수 있는지 의심이 앞선다. 더구나 "우리가 도구를 디자인하며, 이 도구는 다시 우리를 디자인한다"(197쪽)라는 주장에서는 디자인을 (저자의 첫 책을 관통하는) '통치'로 바꿔도 무리가 없어 보인다.** 하지만 에스코바르는 디자인의 구속성보다 잠재력에 무게를 둔다. 우선 디자인은 그 자체로 존재론적이다. "각각의 사물, 도구, 서비스, 서사 속에서 특정하게 존재하고, 생각하며, 행동하는 방식을 창조"하면서(9쪽) 가능성에 관한 대화를 촉발한다. 디자

---

* '서발턴(subaltern)'은 식민 통치에서 종속적 위치에 놓였던 하층민 집단으로, 한 사회에서 스스로를 대변하지 못하고 배제된 사람들을 가리키는 용어로 두루 쓰인다.

** 푸코는 '통치성'을 주권 너머 "지극히 복잡하지만 아주 특수한 형태의 권력을 행사케 해주는 제도, 절차, 분석, 성찰, 계산, 전술의 총체"로 봤다. 콜린 고든·그래엄 버첼·피터 밀러 엮음, 심성보 외 옮김, 『푸코 효과: 통치성에 관한 연구』(난장, 2014), 154쪽.

인은 또한 어디에나 있다. 거대한 시스템에서 사소한 일상에 이르기까지 편재한다. 무엇보다도, 디자인은 민주성을 지향한다. 전문가 중심의 디자인은 지난 십여 년 동안 상호적·협력적·참여적 디자인을 강조하는 방향으로 변해 왔다. 이탈리아의 디자이너이자 활동가인 에치오 만치니(Ezio Manzini)의 간명한 주장—'모두가 디자인한다'—이 책에서 거듭 소환되는 이유다.*

"근대적 비지속성과 탈미래적인 관행의 뿌리에서 벗어나 다른 존재론적 약속, 관행, 서사, 행동을 향한 디자인"(47쪽)은 정말 가능할까? 에스코바르는 다양한 존재들이 디자인의 잠재력을 발견하고 배양하고 확산하는 현장들을 살핀다. 콜롬비아 소도시에서 연구자와 활동가가 공동으로 부엔 비비르 협력을 논의하는 행사, 콜롬비아 카우카 계곡의 전환 실천 프로젝트, 미국 카네기멜런대학교의 전환 디자인 교육 프로그램 등 다채로운 현장을 집요하게 연결하고 조합하면서 독자들에게 호소한다. 지속가능한 복수의 미래를 향한 '전환' 디자인, 공동체 저항의 오랜 경험을 되살리면서 공동적인 것을 추구하는 '자치' 디자인에 그들도 동참하기를, 궁극적으로 우리가 모두 독자적 인간으로, 관계의 네트워크 속에서 연결된 존재로, 이 네트워크의 적극적인 직조자로 공생하고 번영하는 플루리버스에서 살아갈 수 있기를.

---

* 만치니의 『모두가 디자인하는 시대』를 비롯해 저자가 통찰을 빚진 사상가들(이반 일리치, 움베르토 마투라나, 프란시스코 바렐라, 반다나 시바, 조에나 메이시 등)의 책이 국내에 다수 번역되어 있다. 참고문헌에 국역본이 병기되었다면 독자가 이 책의 지형도(topography)를 그리는 작업이 더 흥미롭지 않았을까.

콜롬비아 카우카 계곡 지역.(출처: 위키피디아)

선언이 관찰을 압도할 때

한국어판 서문에서 에스코바르는 이 책이 "한국의 독자들에게 다른 한국의 가능성을 위한 디자인 실천과 사회운동을 비판적으로, 동시에 건설적으로 사고하는 데 유용한 성찰"(5-6쪽)이 되길 바란다고 썼다. 다른 세계의 가능성을 바라는 동료 인류학자이자 지구 거주자로서, (첫 페이지를 넘기기 전부터) 나는 이 책의 논지에 거의 동의할 준비가 되어 있던 독자다. 그런데 대부분의 한국 독자가 이 책을 "라틴아메리카에서 날아온 반가운 편지"(김만권의 추천사)로 받아들일까? 옮긴이 해제를 보면 역자들은 걱정이 앞섰던 듯하다. 초고속 성장을 거쳐 선진국으로 도약한 나라의 국민한테 발전 담론에 대한 급진적 비판이 낯설고 어색할지 모르겠다고 운을 띄우더니, 눈부신 발전에도 불구하고 다수가 불행하다고 느낀다면 위기를 돌아봐야 하지 않겠냐고 신중하게 동의를 구한다. 하지만 저자의 비판이 독자들에게 생경할까? 한국에 별반 알려지지 않은 인류학자가 낯선 대륙에서 길어 올린 통찰을 500페이지에 걸쳐 전달하는 학술서를 집어 든 독자라면 발전 담론에 이미 충분히 냉소적이지 않을까? 오히려 고민할 점은 나처럼 '거의' 동의할 채비를 갖춘 독자들이 이 책을 완독하고 나서 "반가운 편지"였다고 자신 있게 감응할 수 있는가다.

나는 머뭇거렸다. 저자는 다른 세계의 가능성을 찾아 여러 현장을 종횡무진하는데 정작 개개의 현장을 구체적으로 등장시키지 못하다 보니 '자치', '전환', '공동적(communal)인 것', '존재론', '플루리버스' 같은 단어들이 망망대해의 선박처럼 떠다녔다. 인류학자가 견지하는 구체성이란 연구 질문과 맥락, 현지에서 만난 사람·사물·담론·제도, 인류학자 자신, 다양한 존재들 사이의 마주침 등 다양한 갈래로 뻗어 나가며, 이 모든 관계의 얽힘에 산소를 공급하는 것과도 같다. 그것은 단순히 시시콜콜함을 뜻하는 게 아니다. 추상적인 이념으로 쉽게 건너뛰는 대신 구체적인 사회관계를 자세히 들여다보고 따라가다 보면 성급한 선언으로 내뱉을 수 없는 모순과 역동이 주름처럼 펼쳐진다. 많은 인류학자는 이 주름 사이를 헤매다 곧잘 '현실 참여적이지 못하다'라는 핀잔을 듣지만, 이 굼뜬 과정을 거쳐 등장한 질문, 해석, 통찰이 더 단단한 비판과 생성의 계기를 열어 주기도 한다.

이 책에서는 아쉽게도 에스코바르의 조급함이 엿보인다. 그는 이원론에 깊숙이 박힌 식민성을 제거하려면 "(순수하게) 이론적인 공간으로부터 나와, (정치적·성찰적·정책적 디자인, 혹은 그 무엇이든 간에) 경험의 공간으로 들어가는 것이 필요"하다고(183쪽) 역설하나, "경험의 공간"을 세세히 살피기도 전에 플루리버스 선언문을 쓸 채비를 한다. 저자의 시선이 닿은 모든 현장이 플루리버스의 잠재력을 갖는 공간으로, 선언문에 등장할 만한 가능성의 사례로 '맞춤화'된 채 등장한다.

특히 에스코바르는 아메리카 대륙의 선주민들을 전환의 선봉대로 일찌감치 점지해 버렸다. 그들 모두 저자가 자신 있게 강조하듯 "시장과 기업의 세계화라는 문명의 연금술이 가져온 덫을 넘어 어머니 대지의 해방에 헌신"(45-46쪽)할까? "자신들이 바라보는 대로 세계가 존재"한다고 생각하면서 서로의 차이를 인정하고, "특권층만이 인정하지 않는 삶의 풍요를 누리며 일상을 살아"갈까?(18쪽) 그런 선주민이 물론 많을 테다. 극우 세력이 득세하는 유럽과 달리, 중남미는 분배를 중시하는 좌파 진영의 약진이 최근에도 두드러지지 않았나. 발전이 유일한 미래인 나라에서 살다 보니 나 또한 다른 세계를 상상할 역량이 핍진할 수도 있다. 하지만 '공동체'를 구상하고 조직해 온 역사가 누적된 땅이라 해도 근대의 시간을 거치면서 견고히 자리 잡은 발전 담론, 인류세의 파국을 이끈 전 지구적 자본주의에서 예외 지대로만 남았을까?

이 질문에 대한 에스코바르의 좀 더 솔직한 대답은 콜롬비아 카우카 계곡 지역을 전환 기획의 주요 실험장으로 제안하는 대목에서 짧게나마 등장한다. 그는 20세기 중반 해외원조로 시작된 발전 프로젝트가 이 지역 농민과 흑인 공동체의 터전을 빼앗고 환경 파괴를 초래한 상황을 서술한다. 이 지역이 생태농업의 근거지, 중소규모 생산자들의 다문화 지대, 탈중심화된 네트워크로 새롭게 디자인될 가능성을 내비치지만, 동시에 이 같은 미래를 "현재 생각하는 것은 불가능하다"라고 덤덤히 말한다. "발전주의적 상상력"이 엘리트는 물론 지역민 대부분에게 상당한 영향력을 행사하며, 이들의 소비주의적 라이프스타일도 발전주의 모델과 깊숙이 연결되어 있다고 언급한다. 338페이지에 이르러서야 '다른' 선주민, 한국 사회의 범속한 시민들과 크게 '다르지 않은' 사람들이 등장했다. 에스코바르는 발전주의의 위력을 잠시 보여 주고는 곧바로 전환 디자인을 상상하는 작업으로 이동했으나, 나는 그가 떠난 자리에서 한참을 머물렀다. 저 라틴아메리카 대륙의 선주민 중에도 내가 한국과 중국의 여러 현장에서 마주쳤듯 발전의 꿈에 가닿기 위해 땅, 전통, 생명을 등진 사람들이 있겠구나, 영토와 권리를 인정받기 위한 투쟁이 국가의 통치술과 얽히면서 보상을 둘러싼 아귀다툼으로 전락한 사례도 있겠구나, 사회혁신을 위한 디자인이 다국적기업은 물론 기업화된 정부나 대학의 프로그램으로 안착하면서 전환이 도구화될 위험도 많겠구나…….* 하지만 저자는 이런 '불온한' 우려를 하느라 시간을 허비하고 싶지 않은 듯하다. 마르크스 사상의 선험적 계급주의에 대한 앙드레 고르(Andre Gorz)의 비판—"프롤레타리아는 혁명적으로 될 것이 틀림없다"**—이 재차 떠오른다. 선주민은 전환적으로 될 것이 틀림없다.

전환 디자이너로서 선주민들의 진정한 힘은 "고통스러운 지배 과정에서도 문화적 자치를 유지해 온 오랜 역사적 경험"(288쪽)에서 나온다고 저자는 말한다. 하지만 지구 곳곳의 억압받은 자들이 모두 고통을 딛고 다른 세계를 상상하고 만들어 내기 위해 서로 협력하는 게 아니라면, 선주민의 역사적 경험과 전환의 기획 사이에 어떤 일들이 있었는지, 가령 어떤 문제가 생겼고 이를 해결하기 위해 어떤 시도가 등장했는지, 이 시도가 어떤 난관에 부딪혔으며 어떤 대안이 새롭게 제기됐는지 좀 더 구체적으로 소개할 수 있지 않았을까? 그래야 라틴아메리카의 경험이 지금의 한국 사

* 사회혁신을 혼종적 거버넌스 공간의 등장으로 바라본 논의로는, 이승철·조문영, 「한국 '사회혁신'의 지형도: 새로운 통치합리성과 거버넌스 공간의 등장」, 《경제와 사회》 120호, 2018을 참조하기 바란다.

** 앙드레 고르, 이현웅 옮김, 『프롤레타리아여 안녕: 사회주의를 넘어서』(생각의 나무, 2011), 23쪽.

회, 특히 무수한 폭력에 대한 대응이 공동적인 것의 확산은커녕 사적 방공호의 난립 내지 '저들'에 대한 도덕적 응징과 '손절'로 곧잘 귀결되는 이곳에 묵직한 울림을 주지 않았을까?

존재론적 전환이라는 주제 아래 다양한 이론적 참조물을 엮어 내는 솜씨로 보나, 인류학자-활동가-지구 거주자로서의 오랜 고민과 경험을 살려 디자인의 잠재력을 발굴해 내는 혜안으로 보나, 『플루리버스』는 충분히 곱씹을 가치가 있는 책이다. 하지만 존재론을 "세상은 실천을 통해 만들어진다"(162쪽)는 저항적 비전에 서둘러 정박시키려는 조급함을 내려놓고 '굼뜬' 인류학자로 돌아가 현상의 주름들을 찬찬히 살폈다면, 이 책이 세 가지 축으로 삼은 존재론, 디자인, 정치의 관계를 둘러싸고 더 풍성한 질문, 비판, 논쟁, 제안이 오갔을 것이다. 사족이지만, 다른 세계를 출현시키겠다는 의지와 바람이 농밀한 분석보다 앞서는 상황도 이해는 된다. 기후재난과 핵전쟁의 위험이 편재하는 시대, 일상 속 사람들이 일하다, 타다, 걷다, 서 있다, 숨 쉬다 별안간 참사를 맞는 시대에 연구자의 소명이란 무엇일까?

조문영

본지 편집위원. 연세대 문화인류학과 교수. 지은 책으로 『빈곤 과정』, *THE SPECTER OF "THE PEOPLE"*('인민'의 유령), 엮은 책으로 『우리는 가난을 어떻게 외면해왔는가』, 『민간중국』, 『문턱의 청년들』, 옮긴 책으로 『분배정치의 시대』가 있다.

『식인의 형이상학: 탈구조적 인류학의 흐름들』 에두아르두 비베이루스 지 카스트루 지음, 박이대승·박수경 옮김, 후마니타스, 2018

『인디오의 변덕스러운 혼』 에두아르두 비베이루스 지 카스트루 지음, 존재론의 자루 옮김, 포도밭출판사, 2022

'부엔 비비르' 개념의 전 지구적 유통에서 보듯, 에스코바르는 발전 중심의 공론장에서 실패작으로 간주되어 온 라틴아메리카가 최근 들어 플루리버스를 담아내는 존재론적 디자인의 실험장으로 만개했다는 점을 강조한다. 확실히 인류학의 '존재론적 전회(the ontological turn)'를 이끌고 있는 학자들은 라틴아메리카, 특히 아마존 원주민에 관한 연구를 바탕으로 서구적 근대의 인간중심주의를 비판하고 (인간이 그 일부일 뿐인) '다른 세계'의 가능성을 탐색하고 있다. '다자연주의(multinaturalism)'를 주창하면서 문화 대 자연, 영혼 대 물질의 이분법을 뒤흔든 브라질 출신의 인류학자 비베이루스 지 카스트루가 대표적이다. 그가 주목하는 원주민의 세계는 서구적 근대를 극복할 지혜의 보고라기보다 사유를 영속적으로 탈식민화시키기 위한 급진적 인류학의 출발점이다.

"분류 대상이 분류자가 될 때, 어떤 일이 벌어지는가? 자연이 종들로 분할된다고 보면서 그 종들을 질서 지우는 것이 문젯거리가 아니라, 그 종들 자신이 그 임무를 어떻게 수행하는지가 문젯거리가 될 때, 어떤 일이 벌어지는가? 그럼 다음과 같은 질문이 제기된다. 그 종들은 그런 식으로 어떤 자연을 만드는가? (……) 토템의 시점에서 토템의 작동자가 어떻게 기능하는지를 질문할 때, 어떤 일이 벌어지는가? 혹은 더 일반적 방식으로(그러나 정확히 같은 의미에서) 우리가 원주민에게 인류학이 무엇인지 물을 때, 어떤 일이 벌어지는가?" —『식인의 형이상학: 탈구조적 인류학의 흐름들』 중에서

"문제는 투피남바 사람들이 복음을 받아들이는 태도, 즉 유연함과 완고함, 순종과 불복종, 열광과 무관심이 뒤섞여 있는 이 혼합의 의미를 밝혀내는 것이다. 이는 '빈약한 기억력'과 '의지의 결여'로 보이는 인디오들의 신앙심 없는 믿음 너머를 보려는 것이다. 결국 타자가 되고자 하는, 그러나 자기만의 관점대로 되고자 하는(여기에 미스터리가 있다) 저 모호한 욕망의 대상을 이해하려는 것이다."
—『인디오의 변덕스러운 혼』 중에서

『판타 레이』
민태기 지음, 사이언스북스, 2021

만물유전
—과학과 인문학의 유려한 교차, 그를 관통하는 거대한 흐름

권석준

독일의 수학자 다비트 힐베르트(David Hilbert)는 19세기와 20세기에 걸쳐 살았던 수학자 중에서 가장 중요한 영향력을 끼친 인물로 손꼽힌다. 특히 그는 수학 이외에도 물리학과 연결되는 중요한 징검다리를 많이 만들었고, 20세기의 상대성 이론이나 양자역학 같은 물리학 혁명의 초석을 닦은 업적으로도 널리 인정받고 있다. 그런 그의 묘비에는 이러한 문구가 새겨져 있다. "Wir müssen wissen, Wir werden wissen(우리는 알아야만 한다, 우리는 알게 될 것이다)." 힐베르트가 수학의 주요 난제 23개를 지정해 남긴 시점은 20세기 초반이었다. 이 문제들은 힐베르트 자신도 난제라 칭할 만큼 쉽게 풀릴 것이라 생각하지 않았지만, 그는 결국 인류의 지성과 이성으로 이 난제들을 풀 수 있으리라 믿었던 것 같다. 힐베르트의 23문제가 20세기 버전의 수학 난제라면, 클레이 수학연구소가 2000년에 제시한 이른바 '밀레니엄 7문제'는 21세기 버전의 수학 난제에 해당한다. 이 일곱 개의 난제 중 현재까지 풀린 문제는 '푸앵카레 정리'밖에 없으며, 나머지 여섯 문제의 해답은 여전히 오리무중이다. 그중 가장 오래된 문제는 바로 유체역학의 핵심 방정식이기도 한 나비에-스토크스 방정식(Navier-Stokes equation, 이하 NS 방정식)의 해(解)의 유일성 여부에 대한 것이다. 아직도 NS 방정식은 좀처럼 그 극복의 실마리가 보이지 않는다.

과학사의 오랜 난제인 유체역학

유체역학의 핵심 기둥인 NS 방정식은 수학자들에게도 골치 아픈 난제이지만, 이를 실용적으로 활용해야 하는 공학도들에게는 더더욱 다루기 어려운 이론이기도 하다. 해석적 해를 완벽하게 구할 수 없기에 공학자들은 특수한 경우에 대한 해나 수치 해석에 의거해 컴퓨터로 구한 근사해를 활용한다. 다행히 그렇게 얻은 해들이 현실에서 아직까지는 잘 작동하고 있기에, 사람들이 안심하고 장거리 항공기에 탑승할 수 있고 송유관을 통해 석유를 대량으로 수송할 수 있다. 거대한 유조선이 대양을 가를 수 있는가 하면 폭풍우와 파도 속에서도 꿋꿋이 버틸 수 있는 대교가 건설되기도 한다. 그럼에도 유체역학은 여전히 어려운 학문 분야이며, 그 수학적·공학적 어려움만큼이나 이에 대한 인류의 지적 도전과 탐구의 역사 역시 오래되었다.

『코페르니쿠스 혁명』(토머스 쿤), 『과학의 탄생』(야마모토 요시타카), 『뷰티풀 퀘스천』(프랭크 윌첵)같이 과학사를 통시적으로 다루는 책은 많다. 또한 주로 물리학의 역사를 고대 그리스 시절까지 거슬러 올라가 연대와 주요 이

1901년 알베르토 산토스뒤몽이 에펠탑 등 파리 상공을 비행하는 데 사용한 비행선. ©㈜사이언스북스.
(출처: 『판타 레이』, 410쪽)

벤트를 따라가며 짚어 보는 방식으로 인류 지식의 진보를 따라가는 교양서들도 많이 나오고 있다. 최근 출간된 『혁신의 뿌리』(이안 블래치포드·틸리 블라이스) 같은 책은 과학사를 통시적, 혹은 이벤트 중심으로 서술하던 방식을 넘어선다. 과학과 예술이 상호 간에 영감을 주고받은 흔적을 따라가는 방식을 통해 과학의 진보를 조금 더 입체적으로 관조하게 해준다.

그런데 대부분의 과학사 서적에서는 잘 다뤄지지 않는 분야가 있다. 바로 유체역학이다. 유체역학이 잘 다뤄지지 않는 이유는 다름 아니라 대부분의 과학사가 물리학의 진보를 중심에 두고 서술되기 때문이며, 현대 물리학에서 유체역학이 잘 다뤄지지 않기 때문이다. 내가 학부 시절 물리학과에서 수업을 들으며 놀랐던 한 가지는, 기계공학과나 화학공학과에서는 전공 필수로 배우는 유체역학을 물리학과에서는 가르치지 않는다는 점이었다. 커리큘럼에 독립 과목으로 포함되지 않았을뿐더러, 통계물리학 같은 연관 분야에서도 그 일부를 제대로 다루는 경우는 없었다. 이른바 고전역학부터 시작해 다양한 역학을 수학적으로 다루면서 학생들을 훈련하는 물리학과에서 유체역학 같은 '역학'을 심도 있게 다루지 않는다는 것은 일견 의아해 보일 수 있다. 유체역학의 역사를 되짚어 보면 '에테르(Aether)'라는 가상의 유체를 둘러싼 치열한 고민의 흔적이 물리학 곳곳에 남아 있다는 것을 발견하게 된다. 이는 역사 속의 과학자들 대부분이 이 문제에 천착해 온 것만 봐도 알 수 있다. 문제는 에테르에 대한 신앙과 같은 믿음이 붕괴하면서 그 천착의 결과 또한 허무하게 무너져 버렸다는 것이다. 이 때문에 물리학자들은 20세기 들어 에테르를 언급하는 것을 금기시했고, 유체역학 또한 덩달아 과학자들의 관심사 밖으로 멀어지게 되었다.

물론 에테르의 존재가 부정되었다고 해서 유체역학의 학문적 기초가 무너진 것은 아니다. 오히려 유체역학은 에테르에 대한 수학적 이론, 그에 대한 엄밀한 실험적 검증이 변증법적으로 교차해 오면서 학문적 기초를 형성해 갔다. 아쉽게도 이렇게 치열하게 전개된 고민의 성과들은 대중 과학사에서는 거의 다뤄지지 않았으며, 다뤄진다고 해도 몇몇 에피소드가 언급될 뿐이다. 많은 과학자들 심지어 철학자들이 수 세기 동안 고심하며 매달린 유체역학이라는 학문은 현실 세계에서도 그만큼 중요했기 때문에 이에 대해서는 좀 더 세밀한 과학사적 분석과 접근이 필요했다. 그리고 그 고민들이 맞닿아 있는 지점에 당시 사회가 안고 있었던 질곡들이 어떻게 역사적으로 연결되어 있는지 들여다보는 것 역시 중요하다. 지금까지는 그러한 고민의 흔적을 부드럽고 조밀하게 연결해 주는 시도를 담은 책이 거의 없었다. 그렇지만 이제 우리에게는 아주 좋은 출발점이 생겼다. 그것이 바로 이 서평에서 소개할 『판타 레이』다.

기계공학 박사이자 한국형 발사체 누리호의 로켓 엔진에 들어가는 주요 부품인 터보펌프를 제작하는 회사를 이끄는 저자가 책에서 들여다보고 있는 핵심 주제는 당연히 유체역학이다. 그렇지만 그의 관심사는 유체역학에만 머물러 있지 않다. 책의 부제인 '혁명과 낭만의 유체 과학사'라는 표현에서도 짐작하듯, 이 책은 유체역학의 진보를 둘러싼 다양한 학문들의 연결과 배경을 다룬다. 그리고 그러한 학문들이 당시 사회와 역사의 주요 지점에서 어떤 영향을 미쳤고, 다시 그 피드백을 받은 학문이 어떻게 변모해 갔는지를 포괄한다. 흥미롭게도 서로 관련이 없을 것 같은 다양한 학문들은 유체역학이라는 하나의 줄기 속에서 마치 잘 짜인 태피스트리처럼 얽히면서 하나의 패턴을 만들어 낸다. 독자들이 이 책에서 가장 먼저 느낄 수 있는 즐거움은 다른 과학 교양서나 과학사 책에서는 좀처럼 찾아볼 수 없었던 이러한 숨겨진 패턴들이 자연스럽게 떠오르는 과정을 하나씩 발견해 나가는 것이다. 함께 읽기에서 소개한 『뷰티풀 퀘스천』 같은 책에서는 과학과 예술의 상호작용을 다루면서 심미안적 관점에서의 교차점을 주로 언급한다. 반면 『판타 레이』에서 펼쳐지는 태피스트리는 의학·물리학·화학·지질학·수리학 같은 과학/공학 분야는 물론, 음악·미술·철학, 그리고 역사와 종교라는, 문자 그대로 박물학적 지식들로 촘촘하게 짜여 있다. 그래서 그 패턴들이 독특하며 흥미롭다. 이러한 지식은 '유체역학'이라는 하나의 주제가 커다란 줄기를 형성하고, 그 줄기에서 뻗어 나가는 방식으로 일관성 있게 전개된다. 그리하여 독자들은 거의 500페이지에 달하는 분량 속에서도 길을 잃지 않고 저자의 호흡을 나누게 된다.

보텍스 이론의 시작과 종말

저자는 중세 유럽에서 촉발된 보텍스(vortex) 이론*에 대한 철학적 탐구부터 시작한다. 사실 보텍스는 현대의 공학 분야에서도 여전히 중요한 개념이며, 최근에는 응집물질물리학에서 다루는 저차원 반도체 소재에서도 중요한 현상이기 때문에 저자가 이를 책의 들머리로 잡은 것은 탁월한 선택이다. 기계론적 세계관의 창시자이자 보텍스 이론을 천체의 운동을 설명하는 데까지 확장한 철학자 데카르트는 물론, 그에 대항하여 유율이라는 개념으로 미적분학을 창시해 천체의 운동을 설명한 뉴턴, 그리고 철학자로만 주로 알려져 있는 칸트 역시 한때 보텍스에 관심을 가졌다는 것은 독자들이 보텍스 이론에 대한 흥미로운 지적 여정을 시작할 수 있게 해준다. 이후 계몽주의와 산업혁명을 거쳐 프랑스혁명이라는 격변의 시대 속에서도 여전히 유체역학을 둘러싼 수많은 수학자들, 물리학자들, 그리고 철학자들과 예술가들의 사상의 교류를 따라가는 것은 과학사의 새로운 측면을 볼 수 있게 할 뿐만 아니라, 역사의 숨겨진 단면을 투시할 창을 제공해 준다. 과학서에서는 과학을 주로 다루고, 역사서에서는 주로 역사의 맥락과 이벤트를 다루지만, 과학에서의 발견과 그 의미가 역사에서 어떻게 발현되었고 역사적인 배경이 과학의 발견을 어떻게 촉발했는지를 통섭적으로 다루는 책은 거의 없다. 그런데 이 책은 적어도 그러한 목적에 있어서는 꽤나 성공을 거두었다. 특히 프랑스혁명을 전후로 한 프랑스의 군사기술학교인 에콜 폴리테크니크에 관한 꼼꼼한 서술에서는 오일러, 라그랑주, 카르노, 푸리에 같은 수많은 당대 과학자들과 그들의 성과가 언

* 유체의 운동 중에는 소용돌이 같은 원운동이 있다. 보텍스 이론에서는 아주 작은 소용돌이(미세 소용돌이)를 유체 원운동의 최소 단위로 설정한다. 그러고 나서 전체적인 커다란 운동들을 미세 소용돌이들의 집합, 그리고 그들의 거동으로 설명한다.

보텍스 흘림(vortex shedding)으로 인한 현상을 묘사한 산드로 보티첼리의 〈비너스의 탄생〉. ©㈜사이언스북스
(출처: 『판타 레이』, 14쪽)

급된다. 그 성과들의 중심에는 여전히 유체역학이 자리 잡고 있다. 프랑스혁명 시기의 수많은 프랑스 수학자들, 물리학자들이 어떠한 관계로 서로 얽혀 있었고 그 과정에서 어떠한 유체 이론들이 탄생했는지를 따라가는 것은 독자들의 지적 궁금증을 해소해 주고, 당시 급박했던 사회 분위기마저도 얼핏 느끼게 해준다. 저자가 또한 주목한 것은 이 성과들이 나중에 잠수함이나 전함, 대포와 증기기관 같은, 당시로서는 최첨단 전략 기술의 핵심으로 자리 잡게 된 점이다. 사실 전황을 단번에 뒤바꿀 정도로 앞선 기술은 그 자체로 전략이 될 수 있다. 이러한 전략 기술을 둘러싼 강대국들의 경쟁과 견제는 우리가 살고 있는 이 시대에도 반복되고 있고 그 핵

심에 유체역학이 아닌 반도체, 배터리, 인공지능 같은 기술들이 놓여 있는 것만 다를 뿐이다. 이는 과학과 기술은 결국 그 자체뿐 아니라, 이를 둘러싼 사회적·역사적 맥락을 같이 놓고 봐야 함을 새삼 상기시켜 주는 대목이기도 하다.

책의 2/3 정도를 지나면서 저자가 본격적으로 다루고자 하는 이야기가 수면 위로 떠오른다. 그 이야기는 보텍스에 대한 치열한 논의, 그리고 이에 수학적으로 접근하기 위해 수많은 학자들이 서신을 교환하거나 때로는 암투를 벌이는 과정부터 시작한다. 그 속에서도 결국 지적 진보가 이루어지고 마침내 달랑베르의 역설과 오일러 방정식에 도달하는 과정은 유체역학을 포함한 과학의 진보가 어떻게 이루어지는지를 보여 준다. 오일러 방정식의 현실적 한계를 극복한 코시 방정식, 다시 코시 방정식의 한계를 극복한 나비에의 이론, 나비에의 이론을 수학적으로 보완한 스토크스 방정식은 NS 방정식이라는 기념비적인 마일스톤으로 귀결된다. 이후 유체역학을 독립된 학문으로서 정립한 프란틀의 경계층 이론에 이르기까지, 저자의 전문적인 해설과 집요한 배경 추적은 때로는 담백하게, 때로는 격정적으로 유체역학의 조립 과정을 독자들에게 낱낱이 드러낸다. 유체역학이라는 전문 분야를 잘 모르는 독자들도 충분히 따라올 정도로 저자의 해설은 친절하며 참을성 있게 전개된다. 오히려 이 분야를 잘 아는 독자들은 '지금쯤 방정식이 나올 때가 되었는데'라고 생각하다가 결국 실망할 정도로, 저자는 수학적 표현과 전문 용어를 나열하는 방식의 서술은 최대한 지양한다.

다만 책의 중후반부터는 다소 밀도가 떨어지는 느낌이 든다. 이는 학문의 초기 상황에서는 비교적 한 주제에 대한 집중이 유지되어 밀도 있는 논의가 가능하지만, 19세기로 넘어오는 시점부터는 일반적인 과학 교양서와 크게 다를 바 없는 구성과 잘 알려진 사건들을 나열하는 방식, 이리저

에콜 폴리테크니크의 심벌마크. 가운데 "조국, 과학 그리고 영광을 위하여"라는 문구가 적혀 있다.
(출처: 위키피디아)

리 하이퍼링크 클릭하듯 연결되는 서술이 자주 보이기 때문이다. 흩어져 가던 책의 초점이 다시 잡히는 지점은 19세기 초반의 윌리엄 톰슨(켈빈 경), 맥스웰, 마흐, 그리고 볼츠만을 다루는 부분에서다. 여전히 원자의 실체가 불분명하다고 생각했던 마흐를 위시한 실증 과학철학의 분위기가 압도적이었던 당시 유럽의 과학 사조 속에서, 지금은 전자기학의 창시자로 유명한 맥스웰이나 통계물리학의 창시자로 잘 알려진 볼츠만의 고민 중 일부도 에테르와 그것의 소용돌이인 보텍스와 어느 정도 연결되어 있었다는 부분은 흥미롭다. 저자는 이 내용을 되짚어 이 책의 핵심 주제가 여전히 유체의 과학사라는 것에 대해 독자들의 관심을 환기한다. 특히 19세기 과학의 주요 지점을 서술하는 부분에서 유체의 과학사를 관통하고 있는 두 가지 주제였던 에테르와 보텍스가 화려하게 재등장하는 점, 그리고 그것이 두 주제의 회광반조(廻光返照)를 의미하는 것이었음을 보여 주는 장면은 이 책의 백미다. 대부분의 과학사에서는 맥스웰이 정리한 전자기학(이른바 맥스웰 방정식)이 당시에 알려져 있던 네 가지 전자기 현상을 수학적으로 통합한 결과물인 것으로만 서술한다. 그렇지만 이 책에서 집요하게 탐구한 것처럼 사실 그 내막에는 에테르에 의해 중개된 전자기 현상을 NS 방정식에서 착안해 수학적 유비로 재해석한 맥스웰의 아이디어가 있다. 이 부분은 이 책이 단순히 교양 과학서를 넘어, 전문적인 참고 자료로도 충분히 활용될 가치가 있음을 보여 준다.

다만 19세기 중후반의 내용을 다루는 부분에서 아쉬운 점도 있다. 톰슨의 보텍스 이론이 나중에 원자론과 연결되는 부분은 단순히 유체역학의 발전사 중 하나의 에피소드로 담기에는 너무 거대한 이야기다. 19세기 중후반, 당시 과학의 핵심 논제는 원자의 실체였다. 이미 19세기 전반 존 돌턴의 원자론이 확립된 후, 이것이 단순히 이론적 구성물(theoretical construct)에 불과한 것이 아니라 실재하는지 여부는 너무나 중요한 문제였고, 1867년에 톰슨이 제시한 보텍스 모형은 당시로서는 일종의 원소 주기율표에 해당하는 혁명적 아이디어였다. 보텍스를 매듭으로 본다면 매듭마다 꼬이는 방법에 따라 그 종류를 구분할 수 있는 것처럼, 결국 당시에 알려져 있던 다양한 원소들도 각각의 꼬임 패턴이 다른 보텍스로 볼 수 있다는 아이디어에 기반을 두고 있었기 때문이다. 물론 이 모형은 1887년 마이컬슨-몰리 실험에 의해 수천 년을 이어온 에테르 신화가 무너지고, 톰슨에 의한 전자 발견, 그리고 아인슈타인에 의한 브라운 운동 실험 결과의 수학적 해석이 정립되면서 폐기되었지만, 톰슨의 보텍스 모형은 원자론의 확립 과정에서 거치게 되는 시행착오라는 역사적 의미를 갖는다. 이를 둘러싼 볼츠만과 마흐의 갈등, 볼츠만의 불행한 죽음과 통계물리학의 역설적인 탄생, 그리고 그 이후에 불같이 번졌던 20세기 물리학의 혁명적인 발전 과정은 이 책에서 충분히 중요하게 다루어지고 있지 않다. 물론 책의 중심 주제가 유체의 과학사이기 때문에 다루는 범위의 한계, 그리고 주제의 일관성으로 인한 서술의 한계이겠지만, 적어도 과학사에서 톰슨의 보텍스가 지닌 맥락이 제대로 서술되지 않은 것은 아쉽다.

20세기 역사 속의 유체역학, 그 여정의 마무리

책의 후반부는 19세기 후반과 20세기 중후반의 역사로 이어진다. 짚어야 하는 내용이 분기를 거듭하고, 등장하는 학문의 분야가 넓어지면서 책이 다루고자 하는 주제의 깊이 역시 다소 얕아진다. 그럼에도 석유라는 유체를 둘러싼 당시의 시대 조류, 대공황과 제1, 2차 세계대전으로 연결되는 과정, 그리고 지상에서 일어나는 일을 다루던 유체역학이 공중에서 일어나는 일을 다루는 항공공학으로 연결되는 부분은 이 책이 유체역학을 최대한 깊게 소개하려고 한다는 것을 확인해 준다. 숨 가쁘게 달려온 이 거대한 지적 여정의 끝은 에필로그에서 저자가 언급한 짤막한 기사로 마무리된다. 1950년 6월 26일 《동아일보》에 보도된 한국전쟁 개전 소식 1면의 한 켠에는 한국 최초의 물리학 박사인 최규남 박사의 칼럼이 게재되었다. 이 칼럼의 주제는 국가를 이끌어 갈 젊은이들에 대한 이공계 교육의 중요성이다. 아마도 저자는 이 주제에 십분 공감했을 것이다. 기계공학으로 훈련받은 정통 엔지니어임에도 불구하고, 문학과 예술, 역사와 철학이라는 여러 분야를 능수능란하게 넘나드는 여정을 이끌고 갈 수 있었던 원동력은 저자가 공학뿐만 아니라 다양한 분야를 탐구하고 고민했기 때문

17세기 런던의 커피하우스. ©㈜사이언스북스
(출처: 『판타 레이』, 38쪽)

일 것이다. 공학이나 과학을 교육받은 사람들이 그 외의 분야에 관심이 없거나, 반대로 사회과학이나 인문학 훈련을 받은 사람들이 이공계의 주요 업적과 과학사에 관심이 없는 것은 1950년 당시에도 지적되었고 현재도 크게 바뀌지 않고 있는 문제다. 저자가 이 책을 쓴 것은 어찌 보면 최규남 박사의 칼럼에 대한 하나의 거대한 화답으로도 볼 수 있다.

이 책의 가치는 단순히 다양한 지적 여정의 아름답고도 독특한 태피스트리를 감상하는 것에만 국한된 것은 아니다. 무엇보다 이 책은 한국인 연구자가 한국어로 서술한 책이자, 고유한 자료의 해석과 취재에 근거한 지적 성과물이다. 책에 담긴 수많은 도판과 사진 대부분은 저자가 직접 유럽, 일본, 미국의 다양한 기관과 박물관을 발로 뛰며 확보한 원전들이다. 저자는 이를 위해 한 장소를 몇 번씩 방문하고 공개되기 어려운 자료는 사비를 들여 간신히 확보하기도 했다. 이러한 자료들은 그간 수많은 국내 과학서들, 교양서에 담긴 2차 사료나 웹에 공개된 자료와는 차별화된다. 그래서 다른 책에서 찾아볼 수 없는 신선함을 느끼게 해준다. 코페르니쿠스부터 케인스에 이르기까지, 뉴턴에서 현대 중국 과학의 아버지인 첸쉐썬(錢學森)에 이르기까지, 3세기의 긴 세월에 걸쳐 500명이 넘는 다양한 인물들의 네트워크는 유체역학이라는 주제와 그것을 둘러싼 혁명과 낭만의 역사로 종횡무진 점철된다.

이 책의 일관성이 여러 위기 속에서도 끝까지 유지되는 이유는 바로 저자가 '흐름' 자체에 천착했기 때문이다. 유체도 흐름이지만, 저자가 주목하고 붙잡고 싶어 했던 것은, 인류가 이룩한 근대 과학 속의 진보를 관통하는 하나의 지적 흐름일 것이다. 이는 '만물유전(판타 레이)'이라는 책의 제목에도 축약되어 있다. '흐름'이라는 키워드는 과학의 위대한 발견, 예술의 주요 사조, 철학과 사회과학에서의 혁명적인 아이디어, 그리고 사회 전체의 역사적 격동을 때로는 유유한 강물의 흐름으로 때로는 격렬한 보텍스로 묘사하는 데 중심이 된다. 흩어져 있는 인물들, 이벤트들의 연결 고리를 생생하게 표현하기 위해 저자가 더욱 집중적으로 다룬 유럽의 커피하우스 문화, 그리고 편지 네트워크 같은 사례는 독자들에게 이러한 흐름의 본성을 더 잘 이해하게 도와준다. 저자는 이처럼 서로를 자극한 생각의 흐름이 없었다면 학문으로서의 과학은 흐름을 멈추었을 것이라고 말한다. 저자의 주제 의식이 3세기를 걸쳐 명멸해 간 500개의 점을 이리저리 이어 거대한 그림을 만들고자 하는 것 이상임을 재확인할 수 있다.

"과학은 고립된 개별 분야에 대한 것이 아니라 인간의 삶이 탄생시킨 우리 사회에 대한 전체적이고 통합적인 사고의 산물이다"(487쪽)라는 에필로그의 마지막 문장은 이 책의 마무리이자 주제문으로 손색이 없다. 유체 역학이라는 학문을 중심으로 한 과학사 책이자, 문명의 진보를 재조명하는 이 책은 유체에 대한 과학사에 더 깊은 여정을 이어 가고자 하는 이들에게 좋은 베이스캠프가 되어 줄 것이다.

권석준
서울대학교 공과대학 화학생물공학부 및 대학원에서 공학사, 공학석사 학위 취득 후, 미국 MIT에서 화학공학 박사학위를 취득했다. 이후 한국과학기술연구원(KIST) 선-책임연구원을 거쳐, 성균관대학교 공과대학 화학공학부 교수로 재직하고 있다. 차세대 반도체 제조공정 및 소재 관련 연구에 매진하고 있으며, 저서로는 『반도체 삼국지』가 있다.

『뷰티풀 퀘스천』 프랭크 윌첵 지음, 박병철 옮김, 흐름출판, 2018

과학자들이 자연을 이해해 온 과정은 수학적 논리와 실험적 증거로 점철되어 있지만, 사실 그 내면에는 자연이 스스로 그렇게 된 원리, 그리고 그 기저에 깔린 아름다움을 이해하고자 하는 원초적인 호기심이 숨어 있다. 노벨물리학상 수상자이기도 한 물리학자 프랭크 윌첵은 자연을 물질의 집합으로 이해하는 시각과 아름다움을 간직한 대상으로 이해하는 마음의, 불가능해 보이는 조화를 어떻게 만들어 갈 수 있는지에 대해 이 책에서 논하고 있다. 비단 과학자들의 이러한 노력의 역사를 간추리는 것 이상으로, 현대 물리학의 최전선에서 학자들의 노력이 어떻게 발전하고 있는지 확인함으로써 독자들은 윌첵이 이끄는 여정에 동참할 수 있다.

『과학과 기술로 본 세계사 강의』 제임스 E. 매클렐란 3세·해럴드 도른 지음, 전대호 옮김, 모티브북, 2006

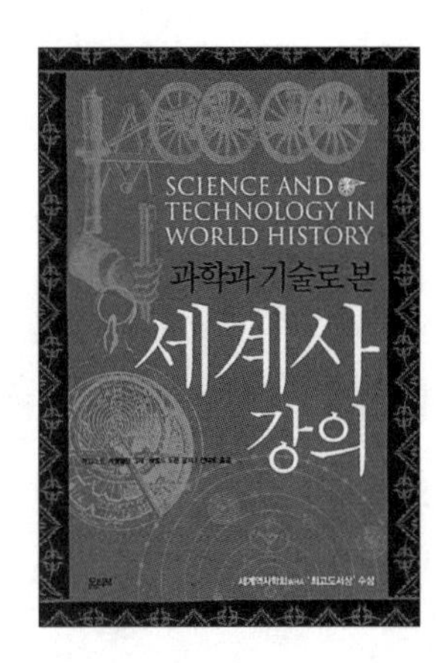

현대 사회에서 과학과 기술은 종종 '과학기술' 이라는 표현에서처럼 같이 묶이곤 한다. 그렇지만 인류가 문명을 건설해 온 역사를 살펴보면 과학과 기술은 서로 자극을 주고받으며 역사의 흐름 속에 만나고 갈라지는 것을 반복해 온 독립된 대상이다. '응용과학'이라는 정체성을 넘어, 기술, 나아가 공학이 문명의 초석이 되어 간 과정, 그리고 그 공학의 바탕을 이루는 과학의 발견과 이론의 성립이 5천 년 문명의 역사 속에서 어떻게 결정적인 역할을 하게 되었는지 이 책을 통해 통찰을 얻을 수 있다. 특히 책이 다루고 있는 주제는 5천 년이라는 광대한 시간적 차원과 세계라는 공간의 거대함 속에서도 일관성을 유지하고 있어 독자들은 그 흐름 속에서 세계사를 되짚어 볼 수 있을 것이다.

최재천의 공부

어떻게 배우며 살 것인가

최재천 · 안희경

공부의 뿌리 누구나 꽃피울 잠재력이 있다

공부의 시간 끌려가지 않고 끌고 간다

공부의 양분 읽기 쓰기 말하기

공부의 성장 배운지 모르게 배운다

공부의 변화 섞이면 건강하고 새로워진다

공부의 활력 손잡아야 살아남는다

김영사

『최재천의 공부: 어떻게 배우며 살 것인가』
최재천·안희경 지음, 김영사, 2022

공부법과 교육의 다른 점
—스타 생물학자의 공부법이 범인들에게는 어떤 의미일까?

박대권

『최재천의 공부: 어떻게 배우며 살 것인가』(이하 『공부』)는 통섭이라는 개념을 소개해 널리 알려진 최재천이 개인의 경험과 성찰을 담은 책이다. 대한민국의 공교육에 대해서 통섭학자인 저자가 "10여 년 전부터 언젠가는 반드시 쓰리라 다짐한"(6쪽) 내용을 적었다. 제목처럼 공부와 관련된 내용 중 학습과 연구 그리고 교수법을 주로 다뤘다.

제1저자 최재천(이하 '최 선생')은 인터뷰이로, 제2저자 안희경(이하 '안 선생')은 인터뷰어로 책을 이끌어 간다. 최 선생은 책의 뒤표지에 굵은 글씨로 "덤벼 보고 깊이 파 보고 옆길로 새 보고 악착같이 찾아보고 결국 알면 사랑한다"라고 자기 경험에 바탕을 둔 교육에 대한 처방으로 책을 요약했다. 그는 다음 세대에 대한 걱정, 사물과 사람에 대한 관심, 학자로서의 관찰력과 집중력, 문제해결 방식의 터득 방법 등을 독자들과 나누고 싶어 한다. 그리고 그것은 생물학 교수로서의 관심과 관점을 넘어섰다. 이런 게 통섭인가 싶었다. 안 선생이 인터뷰를 진행하며 끌어내려는 최 선생의 기억과 해석, 의견과 제언 이상으로 그는 책을 채워 나간다. 읽고 쓰고 말하고 조직화하는 능력이 굳이 책에서 내용으로 언급하지 않아도 문장을 통해서 드러난다. 우리나라 교육에 대한 걱정으로 시작해 "저마다의 삶 속에 저마다의 공부가 있습니다"(293쪽)로 끝난다. 제목처럼 학습에 대한 통찰을 기대했는데 그 내용을 찾지 못한 점이 아쉽다. 진화론의 명저 『종의 기원』을 십 년 넘는 기간에 걸쳐 번역할 정도로 천착했기에(227쪽), 공부와 진화와의 관계 또는 학습에 대한 유전의 영향 등에 대해서도 논했다면 성공한 동물학자로서의 권위와 전문성이 더 돋보였을 것 같다.

교육에 대한 대중의 불만과 엘리트의 처방

『공부』처럼 교육에 대한 불만을 풀기 위한 시도들은 많다. 그런데 해결책 또는 개선 방법을 표방하는 연구나 주장 등을 보면 개인의 성공담을 일반화하거나 자신이 속한 집단이나 계층의 어젠다인 경우가 많다. 교과서를 중심으로 하는 전통적인 학습법 대신 프로젝트를 중심으로 하는 학습법에 대한 선호가 강하다면 대졸 이상의 학력을 가졌거나 중산층 이상의 경제력을 가졌을 확률이 높다. 그들은 프로젝트 해결을 위해서 동원할 수 있는 사회적·경제적 가용자원이 많기 때문이다. 현재 중학교 1학년에서 시행되는 자유학년제가 문제되는 것도 이 때문이다. 이러한 정책을 시행할 때 도·농간 격차, 수도권·비수도권 간 격차는 크다. 어느 도의 중학교에서는 체험 학습 하러 갈 수 있는 곳이 군청과 축협밖에 없다는 고백을 들은 적이 있다. 법조인 체험을 하려 해도, 법원의 지원이나 검찰청의 지청이 없는 읍면 소재지라면 판사, 검사, 변호사 등 법조인이 있을 리 없다. 자유학년제는 전문가와 현장의 목소리를 반영해 정책을 만든 결과다. 이렇게 반영한 현장의 목소리 역시 대학을 졸업하고 경제적으로 상위 20% 내에 드는 집단의 의견이 주를 이룬다. 20%의 의견을 적용해도 나머지 80%에게 일반화하는 것은 어렵다. 『공부』는 인지 능력으로 상위 1% 아니 0.01% 내에 드는 초일류 엘리트의 교육에 관한 생각이다. 그래서 이 생각은 교육정책으로 실현되기 힘들다는 생각을 책을 읽으며 계속 떠올렸다.

우리 교육에 대한 『공부』의 진단에는 최 선생의 학창 시절에 대한 회상이 많다. 주로 50, 60년 전 기억이다. 한국에서 어린 시절의 공부는 어머니의 강요와 아버지의 엄한 훈육이 대부분이었고, 본인은 "미국 땅을 밟으면서 공부를 시작했다."(46쪽) 미국에 가서야 자신의 능력과 가능성을 인정받았다. 500명 중 300명이 서울대에 입학하는 경복고에 가서 "열심히 안 했어도 세뇌당하듯이 수업을 들어 대학교에 진학"(47쪽)했다. 이과생이었지만 국어와 영어를 잘했고 법대에 진학하고 싶었는데 그 뜻을 이루지 못했다. 교장이 반대하고 아버지가 마음을 바꿔 의대 진학으로 진로를 틀었다. 서울대 의예과에 두 번 불합격해서 2지망인 동물학과에 입학했다. 미국 펜실베이니아 주립대학에서 석사 과정 중 자신의 장점을 알아봐 준 교수를 만난 덕에 한국에서 잘 못한다고 생각하던 수학과 통계학에서의 잠재력을 발견했다. 그럼에도 본인은 지도교수의 조언을 따르지는 않았다고 한다. 이후 하버드대학교에서 박사 공부를 하면서야 비로소 수학의 중요성을 알게 되었고 석사 시절 교수들의 조언의 의미를 깨달았다고 한다. "하버드대학교에서 1년 동안 수학을 공부한 뒤 제법 수학을 사용하는 과학자가 되었"(62쪽)다고 회상하며 고등학교 당시 우리나라 수학 교육이 제대로 되지 못했음을 지적했다. 그리고 대한민국의 수학 교육은 여전히 부실해 자신이 가르쳤던 하버드 학생들은 풀었던 문제를 서울대학교 학생들은 풀지 못한 것을 안타까워했다.(63쪽) 최 선생은 이렇게 자신의 경험과 생각을 바탕으로 한 성찰을 우리 교육에 대한 처방으로 제시했다.

여기에는 공부 방법, 어린이 교육, 육아, 시간 관리, 글쓰기, 독서법, 대학원생 지도, 장기 기획, 문해력 등이 전방위적으로 다루어졌다.

공교육의 본질적 어려움

그런데 인식한 문제와 풀어낸 답이 들어맞지 않는다. 저자들은 "전주"라고 이름 붙인 서문에서 교육에 대한 문제를 지적하고 거의 300페이지에 걸쳐서 대안을 주장하고 설명을 곁들였다. 문제로 지적한 '교육'은 '교육정책'이나 '교육제도'인데, 정작 본문에서 다루는 '교육'은 '교수법'과 '학습법'이다. 교육기관이 실행하는 '교육정책'과 교실에서 일어나는 '교수학습 과정'은 '교육'이라는 커다란 개념어 속에 포괄되지만, 기본 성격이나 기본 철학은 물론 운영 방법 등이 매우 다르다. 전자는 집단이나 조직을 대상으로 하지만 후자는 모든 개개인을 대상으로 한다. 정책은 최대 다수의 최대 행복을 추구하는 공리주의적 전제를 가지고 있지만 교실에서의 수업은 학생 한 명 한 명을 실존적 존재로 대한다. 결국 더 나은 교육정책을 기대하는 독자들에게 교수법을 제시하는 식이 되어 버렸다. 정책학 수업을 한다고 하고 교직 수업을 한 것이다.

또한 최 선생은 책에서 기획재정부의 중장기전략위원회 민간위원장으로 '멸종 위기종 복원 사업'을 제안한 사례를 소개했다. 교육의 핵심 전략으로 초중등 교육에서 환경을 가르쳐야 하기 때문에 환경 교사를 복원해야 한다는 내용이다. 그리고 응용 분야 대신 기초 분야인 환경 연구를 위한 연구비 지원을 "교육을 지탱할 구조"(31쪽)로 제시했다. 자신이 "평생 연구비가 부족해서 힘들었던 학자"(32쪽)였다는 것이 논거 중 하나이다. 석좌교수여서 연구실이 100평이나 된다는 설명(35쪽)과 어울리지 않는 것은 차치하고라도, 연구비 배분의 문제를 교육 문제로 치환하는 것은 왜일까? 기초과학을 지원하기 위해서 사업단마다 연 100억 원을 지원하는 거대 연구비 프로젝트인 기초과학연구원(Institute of Basic Science; IBS) 사업이 우리나라에도 있는데, 이를 언급조차 하지 않은 이유도 궁금하다. 해당 사업은 자신이 4대강 사업 반대를 해서 세무조사를 당한(239쪽) 정부 시절에 시작되었다. 최 선생은 이를 교육 문제라고 지적했지만, 과연 그것이 교육 문제일까?

이상향을 향한 땜질

최 선생은 아이에게는 개미와 꽃을 교육의 매개로 하는 농부의 친근함을 보이지만 대학생에 대해서는 기준이 매우 높다. "대한민국 교육을 내 손에 쥐여 주면 지금 우리나라 대학생들을, 속된 표현으로 오줌을 지릴 정도로 만들어 놓겠다"(127쪽)라는 생각을 받아들일 수 있는 대학 교수나 대학생이 얼마나 될까? 최상위권 대학인 소위 '서연고카포'에서도 힘들 것 같다. 카이스트(KAIST)를 개혁하겠다던 두 명의 전 총장이 떠올랐기 때문이다. 노벨상 수상자 총장과 MIT 교수 출신의 총장 모두 여론의 기대 속에 개혁의 적임자로 평가받았지만 둘 다 중도에 총장직에서 하차했다. 카이스트 학생이나 교수 모두 당시 두 사람의 눈에는 한참 모자랐기에 개혁의 대상이었고, 그래서 자신의 생각과 방법을 그들에게 적용하려고 했다. 두 총장은 훌륭한 학자임에는 분명했지만 관리자로서는 적임자가 아니었던 것 같다. 연구실과 강의실에서의 논리는 복도에 나선 순간부터 통하지 않는다는 것을 몰랐다. 이 책이 제시한 해결책의 배경은 명문 학교뿐이다. 경복고와 서울대, 그리고 펜실베이니아 주립대학교와 하버드에서의 학습 경험이 주를 이룬다. 그가 가르친 학교는 하버드대, 서울대, 이화여대이다. 엘리트 교육을 논할 수는 있어도 우리나라의 교육을 정책적 차원에서 논할 경험은 없어 보인다. 본인은 "덤벼 보고 깊이 파 보고 옆길로 새 보고 악착같이 찾아보고 결국 알면 사랑"해서 지금의 성공을 이뤘다. 그러나 그 길은 아무리 알려 줘도 소수 이외에는 갈 수 있는 길이 아니다. 카이스트 학생들에게도 힘든 길이 대한민국 공교육의 길로 제안되는 것은 극소수의 정신적 만족을 위한 것 아니면 아무도 도달할 수 없는 이상향일 뿐이다.

데이비드 타이악(David Tyack)과 래리 큐반(Larry Cuban)은 『학교 없는 교육개혁(*Tinkering toward Utopia*)』에서 경제·사회적 문제에 대한 해결책으로 교육이 선호되었음을 지적했다. 어른들의 문제인 알코올, 마약, 이혼, 교통사고, 경제성장에 대한 해결책으로 학교에 성교육, 소비자 경제, 운전교육, 직업 교육이 처방되었다는 것이다. 정치·경제·사회 문제를 직접 풀어서 해결하는 것은 난망하기 때문에 교육에 책임과 의무를 씌우며 현재의 문제를 미래의 해결로 치환하려는 논리다. 『공부』에서 다룬 문제는 부처 간 이기주의, 예산 부족, 가정 환경, 개인차 등인데 이를 교육 문제로 귀결시키는 것도 마찬가지다. 세상의 난제가 수재 통섭학자에게는 연구실과 교실에서 풀 수 있는 일 같겠지만 범인들은 동의하기 힘들 것 같다. 문제해결, 즉 개선된 교수학습 방법이나 개혁된 교육정책 집행은 수십만 명에 달하는 교사와 공무원들의 몫이기 때문이다. 그들이 아무리 잘 훈련받았다고 해도 600만 학생과 1,000만 학부모가 가진 기대와 문제를 단순화해 실행하라는 것은 지나친 일반화의 오류가 아닐까? 일선에서는 매일매일 땜질(tinkering)을 하고 있는데 이상향(utopia)을 이야기하는 것이 개선이나 제언이라고 하기는 힘들 것 같다.

박대권

한국학중앙연구원 대학원 교육학 교수. 공교육과 관련된 정치 현상 및 정책에 대해 주로 연구한다. 저서로는 *Centering Whole-Child Development in Global Education Reform*, 『비교교육학과 교육학』, 역서로는 『학교 없는 교육개혁』이 있다.

『공부란 무엇인가』 김영민 지음, 어크로스, 2020

공부를 좀 해본 사람이라면 고개를 끄덕이게 만드는 책이다.
저자의 미문에 또 한 번 끄덕이며 씩 웃게 된다.

"우리는 멍게가 아니므로 흥미로운 험지를 기꺼이 찾아다녀야 한다. (……) 물론 그곳이 험지라는 점을 잊어서는 안 된다. 유익하고 재미있는 강의는 대개 많은 과제가 따르고, 흥미롭고 탄성을 자아내는 환경은 위험하기 마련이며, 창의적인 사람은 예민하거나 괴짜인 경우가 수두룩하다." — 책 속에서

『학문의 즐거움』 히로나카 헤이스케 지음, 방승양 옮김, 김영사, 2020

저자는 아시아인 최초의 필즈상 수상자이자, 한국인 최초로 필즈상을 수상한 허준이 교수의 스승이다. 1992년에 우리말로 번역되어 처음 소개되었는데 30쇄를 찍었다.

"나는 그런 유학생들과 이야기하는 가운데 여러 가지 이학(耳學: 귀동냥이라는 뜻으로 저자가 만든 말. 듣고 묻고 토론을 통한 학습—옮긴이 주)을 할 수 있었다. (……) 이학이라는 것은 책에서 배우는 것이 아니라 직접 사람과 접하면서 그 사람이 갖고 있는 지식이나 사고방식을 배우는 것을 말한다. 따라서 우수한 인재가 모여 있다는 것은 그만큼 이학이 발달될 소지도 크다는 것이다." — 책 속에서

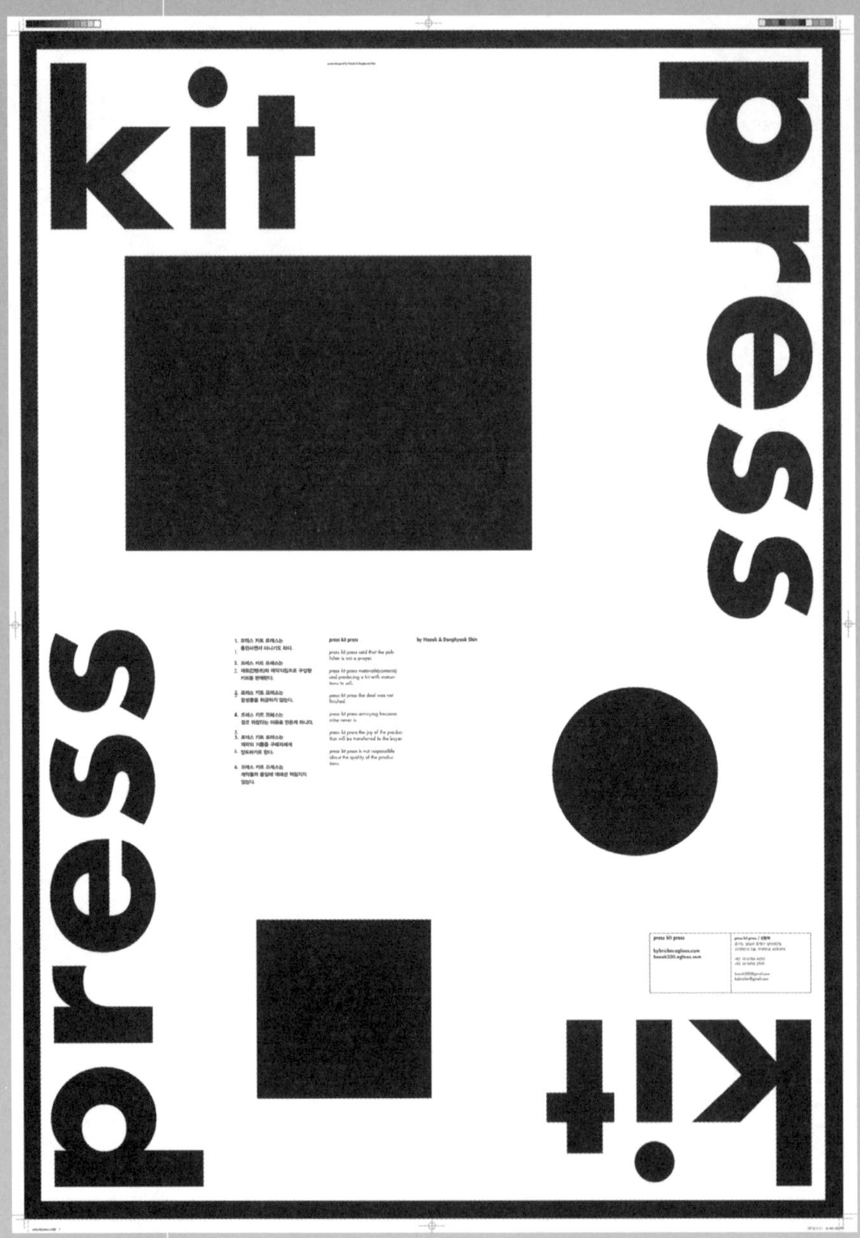

〈press kit press 10101-101021 show〉 전시 포스터. (이미지 제공: 신동혁)

키트(Kit)는 특정한 목적에 필요한 물품이나 장치로 구성된 하나의 세트를 뜻한다. 키트를 활용한 질병 진단, 교육, 요리, 창작 활동이 어느 때보다 많아져서 키트 앞에 굳이 DIY를 붙이지 않아도 키트의 기본 원리는 널리 알려져 있다. '두 잇 유어셀프(Do It Yourself)' 정신은 2000년대 문화예술 현상 전반에 기입된 시대정신이자 자기 주도적 작업과 아마추어리즘을 추동하는 중요한 가치 가운데 하나였다. 작가나 디자이너가 찾아낸 DIY 용법은 자기 조직화를 위한 방법론으로 작품 생산이 아닌 활동 영역에서 아티스트런 스페이스, 레이블, 출판사, 스튜디오 등의 형태로 적용됐다. 특히 데스크톱 인쇄술과 블로그 등의 개인 미디어 출현은 자주 출판(Self-publishing)을 용이하게 해줬고, 이러한 흐름은 제작 주체를 비롯한 출판물의 다변화를 이끄는 데 일조했다.

완성품을 팔지 않는 출판사

프레스 키트 프레스는 출판사면서 아니기도 하다.
프레스 키트 프레스는 재료(콘텐츠)와 제작 지침으로 구성된 키트를 판매한다.
프레스 키트 프레스는 완성품을 취급하지 않는다.
프레스 키트 프레스는 결코 귀찮다는 이유로 만든 게 아니다.
프레스 키트 프레스는 제작의 기쁨을 구매자에게 양도하기로 한다.
프레스 키트 프레스는 제작물의 품질에 대해선 책임지지 않는다.
—신해옥, 신동혁

2010년 5월, 디자이너 신동혁, 신해옥, 신덕호는 '프레스 키트 프레스' 출판사를 설립한다. 이들은 단국대학교 디자인 모임 TW(타이포그래피 공방)의 창단 멤버로 새로운 플랫폼으로서 출판사를 만들었는데, 그곳은 그들의 선언적인 소개 글처럼 출판사가 아니기도 했다. 출판사면서 아니라는 이 모순된 규정에는 출판사가 으레 생산하는 콘텐츠, 즉 완성품으로서 책을 기대하지 말라는 당부와, 콘텐츠를 소비하는 독자 역시 책의 제작 과정에 자발적으로 참여하라는 요구가 한꺼번에 담겨 있다. 왜냐하면 이들이 고안해 낸 것은 완제품이 아닌 콘텐츠의 재료와 제작 지침으로 구성된 키트 장치였기 때문이다. DVD 형태로 만들어진 키트에는 제작 사양서를 비롯해 제작 데이터, 화면용 PDF 및 인쇄용 PDF 파일, ISBN 바코드가 시디(CD)롬에 담겨 있다. 사용자는 제작 사양서에 따라 직접 인쇄를 할 수도 있고, 아니면 화면용 PDF로 만족할 수도 있고, 이도 아니면 직접 제작 데이터로 사용해 자신만의 출판물을 만드는 것도 가능했다. 단일한 지침 대신 사용자의 입맛대로 콘텐츠가 이용될 수 있도록 다양한 방식을 제시했고, 여기서 독자는 재료 및 데이터 조립 과정에 직접 개입하고 참여하는 역할을 수행해야 했다.

프레스 키트 프레스가 제작한 출판물 가운데 〈세계 시민으로 가는 길〉은 서울의 보행 문화 풍경에 대한 인식에서 비롯된 결과물로, TW 동인이 참여한 『디자인·문화·리서치』(2010) 프로젝트의 일환으로 진행되었다. 2009년 국토해양부는 우측 보행 문화 개선을 위한 캠페인을 추진했는데(2010년 7월 전면 시행), 이는 우측 보행이 국제 관행에 부합하기 때문이었다. 실상 대부분의 국가가 우측 보행을 실시했고, 대한민국 역시 선진 교통 국가의 대열에 들어서고자 보행 패러다임의 전환을 시도한 것이었다. 이들은 2009년 여름 공공장소에서 발견된 캠페인 포스터에서 '우측통행, 세계로 가는 지름길'이라는 문구를 눈여겨보며 도덕과 관행이 국가에 의해 강요되고 표준화된다는 사실을 디자인 작업으로 풀어냈다.* 불특정한 시민이 세계 시민이 되어 가는 과정을 흡사 게임의 형태로 그려 냈는데, 마치 보이스카우트가 모든 활동에서 성공할 경우 메리트(merit) 배지를 따내는 것과 같은 원리였다. 첫 페이지에는 세계 시민이 되기 위한 규칙이 적혀 있다. 모든 퀘스트 달성 시 부여되는 최종 금메달이 한 페이지에 할애됐고, 그 뒤로 각기 다른 색(금, 은, 동)과 모양의 배지들이 한데 묶여서 진열된 이미지가 실렸다. 이미지는 기념패를

* 양혜숙, 「국내 리포트: 프레스 키트 프레스」, 《designdb》, 2010. 10. 31., 한국디자인진흥원 웹사이트 참고.

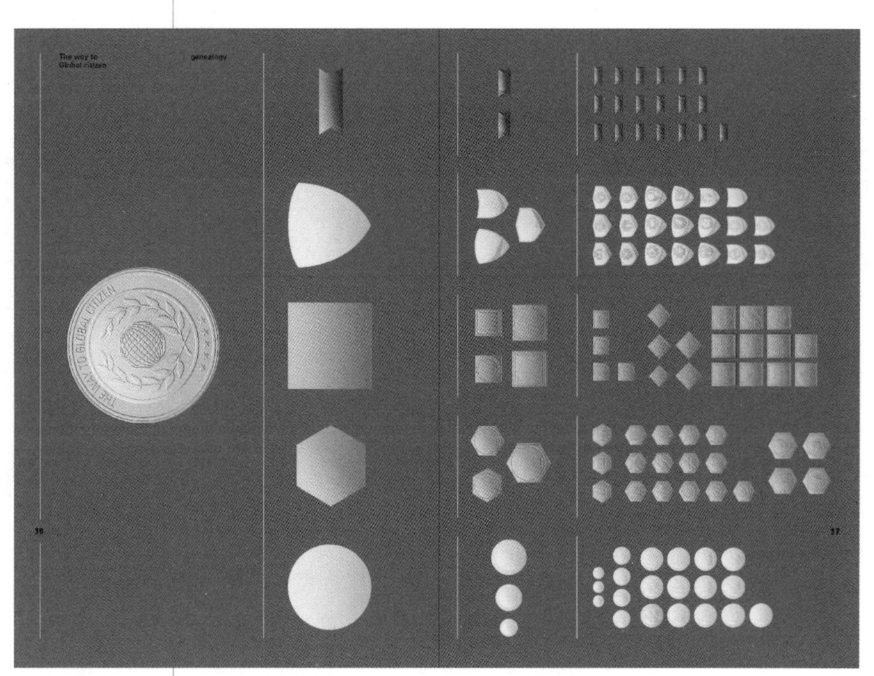

〈세계 시민으로 가는 길〉(2010), TW(고영석, 민경문, 신덕호, 신동혁, 우태희).(이미지 제공: 신동혁)

정성스럽게 촬영한 실사 사진에 가까웠는데 그 바탕이 통상 메달 케이스에서 볼 수 있는 빨간 벨벳지를 연상했기 때문이다. 각 배지는 세계 시민이 되려면 수행해야 하는 개별 퀘스트에 해당하며 이는 "국가가 강요하는 이미지를 도상"한 것이었다.*

2010년 10월, 프레스 키트 프레스는 첫 전시를 이러한 대안 출판 시스템을 위한 워크숍 공간이자 임시 사무실, 제작 시연회 장소, 판매 공간 등 다면적인 장소로 활용한다. 전시장 입구에는 제품 지침서가 포스터 형태로 걸려 있고, 동일한 규격과 형태의 콘텐츠 목차, 제품, 패키지 등이 벽면에 이어져 설치되었다. 이들은 전시장 벽면에 재료에서 제품이 완료되기까지 생산 공정의 흐름을 보여 주는 생산 라인을 구축했고, 그로 인해 전시 자체가 프레스 키트 프레스 제품의 제조 과정 시연 현장으로 탈바꿈된다. 프레스 키트 프레스

* 양혜숙, 같은 글.

〈press kit press 10101-101021 show〉 전시 전경(2010).(이미지 제공: 신동혁)

출판 홍보용 포스터 역시 이러한 태도를 보여 준다. 포스터 앞면에는 전시에 대한 기본 정보가 실려 있고, 뒷면에는 앞면 디자인에 대한 정보 좌푯값이 표시되어 누구든 원하기만 하면 포스터를 직접 디자인할 수 있다.

실제 키트의 판매 촉진을 위해 제작 사양서대로 만들어진 샘플 북 역시 전시되었다. 바로 중철 제본된 소책자와 CD로 구성된 DVD 형태의 제작물이었다. "POP" 손 글씨 연습반의 낙서와 연습 파편들을 모아서 만든 책자는 꿀풀 레지던시에서 만난 이지아 작가와의 협업을 통해 제작된 것으로, 흩어질 만한 자료들을 한데 모으자는 공감에서 시작되었다. 추상화처럼 보이는 손 글씨 연습 흔적은 인쇄된 왼쪽과 오른쪽 지면의 그림이 서로 어긋나게 배열되어 있고, "Pop Culture" 혹은 "Pop Art"로 제목은 저마다 다르게 표기되었다. 이들은 많은 양의 데이터를 랜덤하게 출력/제본해 다양한 판본을 만들었고 각

〈press kit press 10101-101021 show〉 전시 포스터. (이미지 제공: 신동혁)

키트에는 데이터 시디롬과 각기 다른 판본이 샘플로서 들어가 있다. 이들이 키트 재료로 아카이브 했던 이미지들은 서로 어떤 위계나 유기적 관계를 맺지 않는다. 그저 파편화된 데이터들은 프레스 키트 프레스가 언급한 프라모델 키트처럼 자의적 읽기 놀이라는 형식을 통해 이미지와 텍스트에 새로운 맥락을 부여한다.
이런 시스템이 생겨난 배경에 대해서 이들은 "아카이브가 주된 목적인 출판사"이며, "'기록 및 보관'이 용이한 형태를 찾다 보니 이러한 형식을 갖추게 되었다"라고 말한다.* 대학 졸업을 앞둔 신생 디자이너들은 자신이 진행한 프로젝트를 기록하기 위한 플랫폼이 필요했고, 디자인이 단순히 소개되기보다, 사용될 수 있는 여러 조건과 상황을 조직했다. 게다가 이들 개인 블로그에 업로드된 작업물을 구매하고 싶다는 이들도 생겨났고, 이에 적은 예산으로 제작해 배포할 수 있는 묘책이 필요했다. 보통 디자이너의 위치는

* 이영진, 「학생 자치 워크숍, 프레스 키트 프레스 인터뷰」, 《지콜론》, http://gcolon.co.kr/product/gallerydetail.html?product_no=113&cate_no=65&display_group=1.

사실 미술가나 기관 등 클라이언트의 결과물에 대한 조력자로서 자리하거나 그런 맥락 안에서 정해진다. 이러한 전통적인 사고방식에 대해 이들은 스스로 직접 유통하고 판매 가능한 방식을 고안해 개인 작업을 아카이브 했고 사용자와 이를 공유하는 방식을 택했다. 그리고 신동혁 디자이너의 말처럼 아카이브와 공유를 넘어서 새로운 일을 모색할 수 있는 일종의 플랫폼이자 하고 싶은 일을 함께 하기 위한 구실로서 작동됐다.

이후 생산 및 제작 방식에 대한 이들의 관심은 2015년 국립현대미술관에서 열린 〈사물학 Ⅱ: 제작자들의 도시〉 전시에서 미디어버스와 협업한 〈복-합-기(All-in-one)〉 작업에서도 살펴볼 수 있다. '신신(신동혁, 신해옥)'은 가정용 프린터 HP Officejet 8600의 사용 설명서에 표기된 기능과 성능을 최대치로 끌어올려 841×594mm 크기의 테스트 패턴 포스터와 퍼블릭 도메인 파일로 테스트 북을 인쇄했다. 프레스 키트 프레스가 그들이 생산했던 콘텐츠가 지닌 한계성 때문에 최소한의 비용만으로 책을 만들 수 있는 매뉴얼을 제공했다면,* 〈복-합-기〉 작업은 소형 홈프린터가 열어젖힌 소규모 자주 출판의 가능성과 기술적 한계를 제시했다. 프레스 키트 프레스의 활동은 일시적이었지만 텍스트와 이미지가 출판 매체를 통해 어떻게 재현, 생산, 제작, 소비되는지 생각할 거리를 던져 주었다.

최근 기후위기로 인해 대다수의 국공립 기관이 탄소 저감을 위한 정책을 내놓고 있다. 그 가운데 A4 용지 사용의 최소화를 위해 매달 프린터 사용 기록을 데이터화하거나 전시 도록을 콩기름 잉크에 재생지를 사용한다거나 비닐 래핑을 전면 금지하려는 시도도 있다. 물론 이런 생각이 근본적인 환경 문제를 해결해 주리라 기대하지 않지만, 실제 관련 대화에 참여해 보면 먼저 거론되는 것도 현실이다. 그러다 보니 무언가 책이나 인쇄물을 만들어야 할 때, 예전보다 인쇄물의 효용성을 좀 더 따지게 된다. 과연 이걸 꼭 책으로 만들어야 할까.

얼마 전 어린이 교육 프로그램에 키트 제작이 필요하다는 말에 같은

* 「릴레이 인터뷰 다이나밴드 > 미디어버스 × 신신」, 『사물학 Ⅱ: 제작자들의 도시』, 제작자들과의 인터뷰 책자(과천: MMCA, 2015), 62쪽.

질문을 던져 본다. 키트 제작이 과연 의미가 있을까. 소모품보다 좀 더 길게 사용되는 키트를 어떻게 만들 수 있을까. 한번 조립된 키트, 혹은 미완성된 키트가 바로 쓰레기통에 버려지지 않으면서 말이다. 이런 질문을 던지다 보니 키트 기획자나 설계자로부터 그 답을 찾을 수는 없겠다 싶다. 결국 키트가 지닌 효용 가치를 결정짓는 것은 사용자의 몫이 될 테니. 물론, 모자가 되기로 했던 뜨개질 조각이 그해 겨울에 완성되지 않는다면 그 뜨개 키트의 완결 가능성은 희박해지고 잠재적인 쓰레기가 될지도 모른다. 하지만 이런 비결정적 행동에도 불구하고 우리는 믿고 기대한다. 키트가 언젠가는 완성되고 읽힐 수 있다고. 그리고 이 열린 결말은, 우리가 계속해서 새로운 지식 생산과 공유의 형식을 탐색하게 만드는 동력일 수 있다.

구정연
국민대학교 제로원디자인센터에서 큐레이터를 거쳐, 미디어버스와 더북소사이어티에서 공동 디렉터로 활동했다. 공동 작업으로 〈예술가의 문서들: 예술, 타이포그래피, 그리고 협업〉(2016)을 기획하고, 『래디컬 뮤지엄』(2016)을 번역했다. 국립현대미술관에서 MMCA 작가연구 총서 및 출판 지침, 한국 근현대미술 개론서 『한국미술 1900-2020』(2021) 등을 편집했고, 학술 연구 및 공공 프로그램을 기획했다. 리움미술관에서 교육실장으로 재직 중이다.

북 & 메이커 · 출판의 낭만과 일상

리스트 만드는 마음

한 해를 돌아보며 올해의 책을 고르고
전시하는 서점의 풍경

김수현

찬바람이 코끝을 스치면 마음이 분주해진다. 빠르면 10월 중순부터 연말 프로모션 준비에 돌입해야 하기 때문이다. 올해의 영화, 올해의 음악, 올해의 소비……. '올해의 무엇'을 선정하는 자리에 책이 빠질 수 없다. 결산 이벤트 기획을 위해 회의실에 옹기종기 둘러앉은 자리. 조심스레 운을 뗀다. "올해는 어떤 리스트를 만들어 볼까요?"
이내 MD들의 머릿속은 2022년에 만났던 수많은 책의 표지와 제목으로 가득 찰 것이다. 검색창의 자동 완성 문구처럼 어느 책이든 떠올리기만 하면 그에 맞는 수식어가 줄줄 딸려 나온다. 힘주어 소개했는데 마침 고객 반응도 좋아서 신나게 팔았던 책, 아무리 애를 써도 좀처럼 잘 나가지 않아 안타까운 아픈 손가락 같은 책, 영업 마인드 잠시 제쳐 두고 그저 한 명의 독자로서 푹 빠져들어 재미있게 읽은 책, 혼자만 알고 있기 아까워서 누군가에게 당장이라도 선물하고 싶은 책 등. 함께 한 해를 통과해 온 그 무수한 책들을 독자 앞에 다시 한번 선보일 좋은 방법이 무엇일까, 고민을 거듭한 끝에 탄생한 것이 바로 연말의 추천 책 리스트다.

영업도 진심일 때 통하는 법: 통곡의 리스트

사실 이 리스트 큐레이션은 바야흐로 3년 전, 당시 교보문고에서 인문 분야를 담당하고 있었던 이익재 MD의 '통곡'에서 비롯됐다. 예년과 달리 대형 신간이 많지 않았던 2019년 11월의 매출 전망은 몹시 어두웠다. 그렇다고 적당한 리드 상품이 때맞춰 출간되기만을 마냥 기다리고 있을 순 없는 노릇. 기본적인 마케팅만 잘 챙겨도 종합 베스트 순위권 안에 사뿐히 안착하는 이슈 도서가 담당 분야에 포진해 있을 때만 좋은 성과를 기록하면 사실상 MD의 존재 이유가 없지 않은가. 책을 잘 팔기 위해서라면 '뭐(M)든지 다(D)한다'는 MD의 사명을 철저히 수행하기 위해 이 MD는 팔을 걷어붙이고 나섰다. 언제 눈앞에 나타날지 모르는 효자 상품을 바라기보다, 이미 만났지만 이런저런 이유로 크게 화제가 되지 못한 책들을 다시 한번 제대로 팔아 보기로 한 것이다. 분명 좋은 책이지만 판매량이 못내 아쉬워 자꾸 눈앞에 아른거리는 100권의 책을 모아 '통곡의 리스트'라 명명하며 진심 어린 추천사를 썼다. 그것도 손 글씨로 직접. 많이 못 팔아서 송구하고 멋쩍은 마음, 이제라도 더 잘 소개하고 싶다는 마음, 부디 이 책들이 다시금 빛을 보았으면 하는 바람을 담아 한 글자 한 글자 눌러 쓴 추천사는 eBook으로도 배포되었다.* 마침내 공개된 헌사인지 반성문인지 모를 눈물 젖은 손 글씨에 수많은 독자는 물론이요, 통곡을 자아낸 바로 그 책들의 저자와 출판사, 끝내는 경쟁 서점 MD까지 화답하면서 몇몇 책은 정말로 역주행 베스트셀러로 자리 잡았다. 한 해의 마지막 날 기적 같은 목표 달성을 이뤄 내며 침체된 시장 분위기에 활력을 불어넣었던 이 해피엔딩 리스트 프로모션은 다음 해에도, 그다음 해에도 대를 이어 지속되었으나 다행히 더 이상의 통곡은 없었다.

* 해당 eBook은 현재도 교보문고 사이트에서 무료로 받아볼 수 있다.

'통곡의 리스트' 이벤트 포스터.
(출처: 교보문고 제공)

MD들은 왜 이렇게 갖은 리스트를 만들어 가며 소위 '큐레이션'에 신경쓸까? 서점은 생산이 아닌 유통을 하는 곳이므로 대체로 책 만드는 과정에는 직접 관여하지 않는다. 하지만 이곳에서도 굿즈, 이벤트, 강연 등 유·무형의 콘텐츠가 계속해서 만들어진다. 주요 상품인 책의 가격 할인 폭이 법에 의해 정해져 있다 보니 경쟁력을 갖추기 위해서는 다른 무언가가 더 필요하기 때문이다. 이때 각 서점의 마케팅에 고유한 색을 입혀 주는 요소가 바로 심혈을 기울인 추천도서 목록이다. 다루는 상품은 모든 서점이 동일하지만 이 상품을 어디에 어떻게 배치하느냐는 천차만별일 테다. 나름대로의 성격과 이유로 만들어진 책들의 목록은 일종의 정돈된 매대 역할을 하며 온라인 서점이 가질 수밖에 없는 한계를 일정 부분 보완한다. 물성이 있는 종이책을 팔지만 온라인 공간에서는 아무래도 그 물성을 온전히 느끼기 힘들다. 판매량 순, 신간 순대로 늘어놓는 것이 수치상 정확할지는 몰라도 영혼 없는 진열처럼 보일 것이다. 온라인 서점이니 더더욱 목록에 온기가 있어야 한다. 이 책을 먼저 만난 사람의 흔적과 추천의 진심을 느낀다면 한 번이라도 더 눈길이 가지 않을까.
구간에도 제2의 기회를 줄 수 있는 기획이라는 점 또한 무시할 수 없다. 미팅을 통해 만나는 한 권 한 권 모두 정성을 다해 마케팅하고 싶지만 그렇게 하기에는 너무 많은 양의 신간이, 꽤나 밭은 간격으로 쏟아져 나온다. 모든 책에 번번이 사활을 걸 수는 없어서 어쩔 수 없이 선택과 집중을 하곤 하는데 이 과정에서 늘 아쉬움이 남는다. 출간 직후 충분히 알려지지 못한 채 어느새 구간이 되어 버린 비운의 책이 있다면 연말 큐레이션 시즌에 슬며시 힘을 보탠다. 이번에는 꼭 베스트셀러의 틈바구니에서 꿋꿋이 살아남을 수 있길 바라면서. 무엇보다 이 아까운 책들이 묻히지 않고 조금이라도 더 독자들에게 무사히 가닿기를 바라는 마음을 차곡차곡 눌러 담아.

독자를 향한 호기심: 파랑의 리스트&산책의 리스트

언제나 독자가 궁금하다. 아니, 그냥 궁금한 수준을 넘어 자꾸만 말을 걸고 싶다! "안녕하세요, 독자님. 지난번에 산 책, 재미있게 읽고 계신가요? 그때 함께 추천받았던 또 다른 책은 혹시 마음에 드셨는지요. 올해 읽은 책들 중엔 어떤 책이 특히 좋았나요?"
이렇게까지 독자의 반응에 목말라하는 데는 이유가 있다. 온라인 서점 이용자들은 숫자로 치환되어 보이기 때문이다. 매대 앞을 서성이며 흥미로운 표정으로 이 책 저 책 들춰보거나, "이런 책은 없나요?" 다가와 도움을 청하거나, 새 책을 읽을 기대에 부풀어 가벼운 발걸음으로 서점을 나서는 독자는 볼 수 없다. 적어도 여기에는. 내가 판 책들은 다 어디로 갔을까. 어떤 이의 책장에 꽂혔으려나. 막연하게 상상해 보지만 잘 가늠되지 않을 때가 많다. 어딘가에는 분명 존재할 텐데 말이다. MD들이 자꾸만 뉴스레터를 보내고 자체 SNS를 운영하고, 리스트를 만드는 것은 다 사람이 그리워서다. 숫자 뒤의 사람을 보고 싶어서, 그들의 목소리가 듣고 싶어서, 독자라는 미지의 존재에 대해 더 알고 싶어서. 손님을 빈손으로 부를 수는 없으니 독자들이 좋아할 만한 책부터 우선 그러모은다. 주섬주섬 리스트를 꾸리고 추천의 말을 더한다. (줄 수 있는 게 이 리스트밖에 없다……)
"독자님들! 여기 재미있는 책 리스트 가져왔어요. 저희랑 같이 책 얘기해요."
팬데믹 시국의 한가운데 맞이한 2020년 연말, '코로나 블루 극복'을 외치며 파란 표지의 책 100권을 소개했던 '파랑의 리스트'는 독자들과 더 긴밀하게 연결되고 싶은 마음의 발현이었다. 거리두기로 인한 고립감, 우울과 불안, 무기력 등 부정적인 감정이 지배적인 한 해였던 만큼 책을 매개로 희망의 메시지를 전하고 싶기도 했다. 서점 밖에도 독자들은 있으니 SNS 계정을 신설하고 해시태그를 활용했다. 참가자들이 #파랑의리스트, #나의파랑 등의 해시태그를 달고 파란 이미지를 올리면, 해시태그 개수에 상응하는 책을 기부하는 형태의 기부 챌린지로 진행했는데 생각보다 훨씬 많은 독자들이 함께해 주어서 성황리에 끝이 났다. 약 2만 권의 파란 책이 희망의 파도가 되어 독자들의 책장에 스며들었고, 약속대로 1,700권의 도서를 기부했다. 그토록 눈으로 확인하고 싶던 독자들이 SNS 피드를 파랑으로 가득 물들여 갈 때의 감격이란! 여기 계셨군요, 모두들.

(왼쪽) '파랑의 리스트' 소개 도서와 이벤트에 참여했던 독자들의 인스타그램 게시물.
(오른쪽) '산책의 리스트' 굿즈였던 산책 어드벤트 캘린더.
(출처: 김수현 제공)

참여한 이들이 저마다 곁에 있는 파란 책을 집어 들고, 일상에서 발견한 파랑을 공유하며 책 안팎으로 소소한 즐거움을 찾는 모습을 실시간으로 지켜보고 있자면 입가에 절로 미소가 피어올랐다. 준비하느라 힘들었던 기억은 빠르게 미화되었다.

2021년의 리스트에는 좀 더 사심을 담았다. 이번에는 아예 대놓고 물었다. "여러분이 산 책, 그 리스트가 궁금합니다!" 데이터를 분석하면 무슨 책이 얼마나 많이 팔렸는지쯤이야 손쉽게 확인할 수 있다. 그런 거 말고, 독자 한 사람 한 사람의 장바구니를 찬찬히 뜯어보고 싶었다. 누군가 한 해 동안 사려고 담았거나 실제로 구입한 책의 목록을 보면 그의 관심이나 취향, 현재 몰두하고 있는 생각 등이 자연스레 묻어나지 않겠는가. 독자 집단에 대한 피상적인 정보가 아닌 개인의 독서 경험을 들여다보고자 했다. 이쯤 되니 독자에게 너무 집착하는 것 같지만 안심하셔도 좋다. MD로서 '책 잘 팔고 싶은 마음'보다 독자 1인으로서 '다른 사람들은 무슨 책을 좋아하는지 궁금해서 묻고 싶은 마음'이 더 컸기에 진행할 수 있었던 기획이니까. 머리를 맞대고 독서 연말 결산용 질문 25개를 만들었다. 하루 만에 다 읽은 책, 표지가 마음에 드는 책, 무언가를 새로 시작하게 만든 책, 읽으면서 가장 많이 웃었던 책, 나만 알고 싶은 책 등 구체적이면서도 흥미로운 질문들 위주로 선정해 독자들이 직접 자신이 한 해 동안 읽어 온 책들을 찬찬히 떠올려 보고 각각에 의미 부여를 할 수 있도록 했다. #산책의리스트 해시태그를 통해 많은 사람이 내가 산 책도 돌아보고, 남이 산 책도 구경하며 한 해의 독서 기록을 갈무리하는 와중에 이걸 기획한 MD들도 장바구니가 터질세라 책을 담았다. 미처 몰랐던 보석 같은 책들이 넘쳐났던 것이다. 영업하러 와서 영업 당하고 갑니다, 오늘도.

결국, 책을 사랑하는 마음: 미래의 리스트

이렇게 해를 거듭하며 연말마다 조금은 특별한 리스트를 선보이게 되었다. 어찌 보면 전혀 연관성 없어 보이는 책들을 연결해 하나의 목록을 만들고, 그걸 다시 독자와 잇는 일에는 많은 정성과 노력이 들지만 늘 그보다 더 크고 값진 것을 얻어 간다. 바로 수많은 이들의 책 사랑을 확인하는 기쁨이다. 바쁜 일상 가운데 틈내어 서점에 들르고, 추천과 큐레이션에 관심을 기울이며, 나아가 나만의 독서 리스트를 만들고 공유하는 것. 모두 책을 사랑하는 마음 없이는 불가능한 행위임을 잘 안다. 볼거리도 할 일도 너무 많은 이 세상에서 굳이 시간을 할애해 책에 눈길 주는 이들의 존재를 계속해서 확인할 수 있다는 점이 리스트 만들기의 가장 큰 동력이다. '올해는 적당히 넘어갈까?' 싶다가도 번번이 그러지 못하는 이유가 여기에 있다. 독자의, 동료의, 스스로의 책 사랑을 끝내 외면할 수 없어서다.

"이번에는 무슨 리스트 해요?" 연말이 다가오자 동료들이 넌지시 묻는다. 다시 머릿속이 바빠진다. 좋았던 제목, 표지, 문장, 책은 너무 많은데 어떻게 풀어내야 이 모든 책에 얽힌 마음들을 다 담아낼 수 있을까. 소개하고 싶은 책을 책상 한쪽에 잔뜩 쌓아둔 채 엑셀을 켠다. 책장을 넘나들며 밑줄 친 문장들을 찬찬히 곱씹어 본다. 각각의 문장이 울림을 주었던 순간과 이유가 하나둘 떠오른다. 아마도 그때의 내게 꼭 필요했던 말이었을 것이다. 문득 독자들에겐 올 한 해 어떤 문장이 의미 있게 남았을지 궁금해진다. 이쯤 되면 눈치채셨을지 모르겠다. 올해는 '문장의 리스트'다. 당신이 사랑한 문장은 무엇이었는지 묻기 위해 우리가 사랑한 문장의 목록을 먼저 만든다. 다시 한번 책을 사랑하는 사람들과 긴밀하게 연결될 수 있기를 바라며 준비하고 있으니, 여러분도 부디 두근거리는 마음으로 기다려 주시면 좋겠다.

김수현
교보문고에서 인문 MD로 일하고 있다. 책과 책, 책과 사람을 잇는 일에 언제나 진심이다.

문학

서울리뷰오브북스

Seoul Review of Books

소설을 책으로 배웠어요

우리는 소설 작법서에서 무엇을 배울 수 있는가?

이기호

장면 1

대학교 1학년 2학기 소설창작기초 시간이었다. 기초니까 차근차근 소설 쓰기에 대해서 가르쳐 주겠지, 하는 마음으로 수강 신청을 했는데, 이게 웬일? 첫 시간에 들어온 교수님은 무덤덤한 표정으로 2주 안에 원고지 80장 분량의 단편소설을 제출하라고 말씀하셨다(후에 알게 된 사실이지만 그 교수님은 늘 그런 식으로 과제를 내주셨다고 한다). 아니 저기, 잠깐만요. 뭘 어떻게 쓰는지 가르쳐 주신 다음에 단편소설을 제출하라고 말씀하셔야죠, 그게 맞지 않나요? 나는 동기 중 누군가 그렇게 말해 줄 거라고 생각해서 가만히 앉아 있었는데, 이건 또 무슨 일? 동기들은 고개를 끄덕거리면서 당연하다는 듯 다이어리에 일정을 체크했다. 응? 이게 뭐지? 서울 애들은 고3 때 정규 교과목으로 소설창작실습 같은 걸 이미 들었나? 나는 당황하지 않을 수 없었다. 그렇다고 또 티를 내면서 툴툴거릴 수도 없는 것이 나처럼 강원도에서 올라온 학생들의 비애였다. 아, 쟤 또 왜 저러니? 시골에서 올라와서 그런가? 한 번도 그런 말을 들어본 적은 없었지만 지레 겁을 먹고 조심하는 것. 모르면 모르는 대로 생활하는 것. 그게 당시 나의 기본 정서였다.

당시에는 소설을 수기(手記)로 원고지에 직접 작성하는 것이 일반적인 원칙이었는데, 원고지를 앞에 두고 삼사 일 앉아 있다 보니 더 막막한 심정이 되어 버렸다. 첫 문장은 어떻게 시작해야 하는지, 1인칭으로 쓰는 게 맞는지, 3인칭으로 써야 한다면 그건 또 무슨 차이가 있는 것인지, 대사는 언제 쓰고 묘사는 또 어떻게 하는 건지……. 소설을 제법 읽었다고 생각했는데, 막상 쓰려고 보니 제대로 아는 건 하나도 없었다. 그렇다고 일기처럼 쓸 수도 없고……. 그래도 어찌어찌 마감 사흘을 앞두고 초인간적인 힘을 발휘해 난생처음 소설이라는 것을 완성하긴 했다. 기숙사에 사는 대학교 신입생이 사감의 비민주적이고 강압적인 태도에 분노하고 항의하다가…… 막판에 기숙사를 모두 불 질러 버린다는, 자다가 봉창 두드리는 전개와 엑스맨의 후예 같은 인물이 아무렇지도 않게 등장하는(주인공은 불이 난 기숙사에서 당당히 걸어 나온다!), 그러나 한편으론 카프 계열의 분위기가 물씬 풍기는(당시, 나는 최서해 작가 소설을 집중적으로 읽었는데, 1930년대 카프의 일원이었던 그 작가의 주인공들 역시 수틀리면 불부터 지르고 봤다), 정체불명의 소설이었다.

문제는 그 소설을 교수님이 교탁에 서서 한 자 한 자 모두 직접 읽어 주었다는 데 있었다(원고지에 쓴 소설이니까 복사해서 나눠 줄 수도 없고, 그 또한 그 교수님의 수업 방식이었다. 교수님은 다 읽고 난 후, 다른 학생들의 의견을 묻기도 했다). 지금 따져 보니 당시 50대 초반이었던 교수님은 목소리가 낮고 굵은 분이었다. 톤도 늘 일정했는데, 그 제주 만장굴 속 바이브 같은 음성으로 내 소설에 나오는 대사, 말하자면 "아니 씨발, 나는 더 이상 못 참겠다고!" 같은 울분에 찬 주인공의 분노를, 아무런 분노도 없이 또박또박 읽어 주셨다(나는 그 시간 내내 부끄러워서 거의 실신 지경에 이르렀다). 그렇게 한 편의 소설을 다 읽은 후, 교수님은 짧게 코멘트하셨다.

"자네 소설엔 밀도란 게 아예 없구만. 그거에 대해서 고민해 보도록."

그게 끝이었다. 수업 끝. 아니, 저기 교수님, 밀도라니요? 그건 또 뭔가요? 밀도는 원래 물체에 쓰는 용어 아닌가요? 뭘 알아야지 고민도 하지요? 왜 자꾸 가르쳐 준 적도 없는 말씀만 골라서 하시나요? 저 몰래 따로 다들 모여서 강의 같은 거라도 하는 건가요? 나는 그렇게 묻고 싶었지만, 이번에도 침묵을 지킬 수밖에 없었다. 강의가 끝났는데, 교수님을 다시 붙잡는 건, 그건 강원도의 예법에선 있을 수 없는 일이었다.

밀도라, 밀도라, 소설의 밀도라……. 나는 당시 한 학회에 가입해 있었는데(거기서 카프 계열의 소설을 처음 읽었다. 나중에 알고 보니 거기는 카프 계열 소설만 읽는 곳이었다), 강의가 끝난 후 그곳에서 만난 선배들에게 조심스럽게(나만 모르고 있는 거라고 생각했으니까) 물어보기도 했다.

"선배님, 소설에 밀도가 없다는 건 무슨 뜻이죠?"

"밀도? 왜? 누가 너한테 뭐라고 그래?"

"그게 아니라…… 교수님이 제 소설엔 그게 없다고 하는데……."

"교수? 야, 소설은 교수 말 듣고 쓰는 거 아니야."

"아니, 그래도…… 그게 뭔지 알아야……."

"네 소설은 말이야…… 야, 일단 술부터 마시러 갈래? 이런 얘기는 술집에서 해야 해."

그래서 나는 선배들에 이끌려 학교 앞 막걸릿집으로 갔다. 그곳에서 선배들에게 소설의 밀도에 대해서 들을 것이라고 생각했는데…… 선배들은 밀도에 대해 말하기도 전에 억병으로 취해 서로 말싸움을 하다가 탁자를 뒤엎어 버렸다(나중에 생각해 보니 그게 바로 밀도 높은 술자리의 전형이었다).

아이씨, 소설을 쓰지 말까……? 나는 술에 취한 채 자취방으로 터덜터덜 걸어가면서 그렇게 생각했다. 아무도 가르쳐 주지도 않고, 혼내기만 하고……. 나는 못내 억울하기만 했다. 소설 배운답시고 강원도에서 올라왔는데, 우리 아버지 어머니는 내가 소설 쓴다고 하니까 당장 폐병이라도 걸린 것처럼 걱정했는데…… 아이씨, 가르쳐 주기 싫으면 가르쳐 주지 말라고 하지……. 독학할 거야, 씨발……. 기숙사도 불 지르고, 학교도 불 지르고, 막걸릿집도 불 지르는 소설 쓸 거야. 나는 약간 오기 같은 게 생기기도 했다.

말하자면 그게 내가 소설 작법서를 찾아 읽기 시작한 전후 사정의 일이었다.

장면 2

당시 소설 작법서 중 가장 인기 있었던 책은 정한숙 선생의 『소설 기술론』과 전상국 선생의 『당신도 소설을 쓸 수 있다』였다. 그중 나는 전상국 선생의 책을 골랐는데, 정한숙 선생의 책은 어쩐지 개론서처럼 딱딱한 느낌이 없지 않았기 때문이다(결정적으로 한자가 너무 많이 나왔다). 전상국 선생의 책 표지에는 이런 글귀가 적혀 있었다.

"소설가 지망생들의 고민을 시원하게 풀어 줄 지침서"

아, 이제 끝났네. 밀도고 뭐고 다 덤비라고 그래. 나는 그 마음으로 책을 펼쳤다. 첫 장은 너무 당연한 말씀이어서 잘 넘어갔는데(첫 장의 제목은 '소설이란 무엇인가'였다), 이런, 두 번째 장부터 멈칫거리고 말았다. 두 번째 장의 제목은 '왜 쓰려고 하는가'였는데, 거기엔 실제 작가 지망생들의 창작 동기, 그러니까 소설을 쓰려고 하는 이유 같은 것들이 고스란히 적혀 있었다.

- 나 스스로를 죽이기 위해, 철저하게 나 자신을 부정하기 위해…….
- 내가 가장 아픔을 느낄 때 글을 쓰고 싶은 욕구를 느낀다. 아파한다는 것, 그것이 내가 문학을 하려는 이유다.
- 아버지의 술주정과 어머니의 가출, 동생의 만성 빈혈과 그 지긋지긋한 가난…….

나는 거기까지 읽고 그만 입이 딱, 벌어지고 말았다. 아니, 다들 이런 어마어마한 이유로 소설을 쓴단 말인가……. 하지만 아직 놀라긴 일렀다. 거기에서 끝이 아니었다. 그다음 페이지부터는 본격적으로 작가들의 실명이 거론되기 시작했는데, 작가 유재용은 "병들어 누워 있자니 소설 말고 딱히 할 게 없어" 소설을 쓰기 시작했다고 말했고, 작가 이문구는 "가난에 대한 섭섭함과 다섯 차례나 혈육을 잃었던" 박복함이 글을 쓰게 만들었다고 고백했으며, 작가 현기영은 "글을 쓰지 않는 시간은 늘 굶주린 공복 상태"처럼 느껴져 스스로 글 쓰는 것을 주체하지 못하게 되었다고 기술되어 있었다.

망했다…….

나는 그쯤에서 거의 포기 상태에 이르렀다. 나에겐 그런 어마어마한 이유나 비극적인 가족사도 없었으며, 윤택하진 못했지만 그래도 등록금을 대주는 부모님이 있는데……. 아픈 데도 거의 없고(아프긴커녕 너무 건강했다), 글을 쓰지 않는 시간엔 동기들과 주로 족구를 하거나 막걸리를 마셨는데……. 아니, 이게 무슨 "소설가 지망생들의 고민을 시원하게 풀어 줄 지침서"란 말인가? 소설가 지망생들 기죽이고, 어서 빨리 손 떼라는 지침서이지……. 나는 그냥 소설의 밀도가 뭔지 알고 싶었을 뿐인데…….

나는 딱 거기까지만 읽고 그 책을 거의 읽지 않았다. 그리고 소설도 더 이상 쓰지 않았다. 서울엔 놀 곳도 많았고, 사람도 많았다(밀도가 높은 장소였다). 연애도 막 시작했고, 선배들과 엠티도 열 번 넘게 갔다(선배들은 엠티 때마다 술상을 뒤엎어 버렸다). 소설 생각을 몇 번 하긴 했지만, 그때마다 전상국 선생의 책 속 문장들이 알람음처럼 떠오르곤 했다.

'쓰는 일은 자기 구제의 길이다.'

나는 나 자신을 구제할 마음이 별로 없었다. 아이씨, 그냥 소설이 쓰고 싶어서 쓰려고 했던 것뿐인데…… 다른 이유는 없었는데…….
나는 그 생각만 계속하다가 입대를 하게 되었다.

그게 내 첫 소설 작법서와의 만남이었다.

장면 3

제대를 하고, 도무지 취업엔 자신이 없어서(세상 모든 회사가 다 나를 싫어하는 듯한 느낌을 받았다), 그때부터 다시 소설을 쓸 마음을 먹었는데, 그때도 제일 처음 펼쳐 본 것이 전상국 선생의 책이었다. 예전 트라우마가 있어서 두 번째 장 '왜 쓰려고 하는가'는 가볍게 건너뛰고 그 뒤부터 읽어 나가기 시작했는데, 그때부터는 좀 속도가 붙었다. 나는 제법 진지하게 대학노트에 메모도 해가면서 책을 읽었다. 서술과 묘사는 어떻게 다른지, 단편소설에 어울리는 시점으로는 무엇이 좋은지, 작품의 무대는 어디로 하는 것이 적절한지, 그런 것들을 읽을 때마다 혼자 고개를 끄덕거리기도 했다. 그 책을 다 읽고 난 후, 본격적으로 소설을 쓸 마음으로 한글 프로그램을 작동시켰는데…… 어라, 또 이상하게도 소설이 써지지 않았다. 이번엔 첫 문장부터 문제였다. 전상국 선생은 작품의 첫머리부터 독자를 긴장시키는 배치를 해야 한다고 했는데, 계속 그 말이 떠오르니까 도무지 첫 문장을 쓸 수가 없었다. 아무리 봐도 긴장 없는 장면들, 긴장 없는 주인공들, 긴장 없는 시간만 계속 떠올랐을 뿐이었다. 전상국 선생이 이러면 안 된다고 했는데…… 이러면 독자로부터 신뢰를 얻어 내기 어렵다고 했는데…… 또 그 말들만 머릿속에 맴돌 뿐이었다. 아아, 난 정말 재능이 없는 인간이었구나……. 나는 그때 또 한 번 포기하고 말았다. 어마어마한 이유들 때문이 아니라 이번엔 실전의 문제였다. 그 실전의 어려움을 가르쳐 준 것 역시 소설 작법서였다. 이래저래 소설을 쓰면 안 되는 이유를 가르쳐 주는 작법서라니……. 나는 괜스레 한 번도 만난 적 없는 전상국 선생이 원망스럽기까지 했다.

내가 등단을 하고 작가가 된 것은 그로부터 3년 뒤의 일이었다. 작법서를 메모했던 대학노트도 잃어버리고, 그때 읽은 내용도 가물가물해졌던 무렵. 놀라운 것은 등단한 직후, 우연히 전상국 선생의 작법서를 다시 들춰 볼 기회가 있었는데, 그제야 그 책의 비밀을 알게 된 것이었다.

'아아, 그러니까 이건 일종의 환원주의였군요.'

작가가 되고 난 뒤에야 정리할 수 있는 방법들, 그러니까 '소설가 지망생들을 위한 지침서'가 아니라 '작가가 된 뒤에야 보이는 어리숙함'들이었군요. 나는 그때도 고개를 끄덕거렸다. 작가들의 작법서는 사실 작가들의 고백록이었음을, 비로소 깨달은 것이었다. 한 작가에겐 그만의 어리숙함이 있고, 그것이 그만의 창작론이 된다는 것. 그게 그 책의 핵심이었다.

장면 4

그 이후로도 나는 많은 작가들의 작법서를 읽어 왔다. 밀란 쿤데라와 스티븐 킹의 저서를 읽었고, 마거릿 애트우드와 김연수, 이승우, 이만교의 작법서를 읽었다. 내 소설 쓰기에 도움이 될까, 하는 심정으로 읽은 것도 있었지만(나는 여전히 소설을 쓸 때마다 아무것도 모르겠다), 어쩌다 보니 나 또한 대학에서 소설 쓰기를 가르치는 선생이 되었기 때문에, 거기에서 힌트를 얻고자 하는 이유도 컸다. 작가들의 작법서는 비슷한 구석들이 있지만 대부분 미묘하게 달랐다. 그 다름이 말하자면 그 책들을 읽는 묘미인데, 그 묘미 때문에 나는 가끔씩 그 책들을 들춰 본다. 그 다름이란 무엇인가? 대부분 '생고생'에 대한 이야기다. 작가가 되기 이전에 고생한 이야기들(그래서 그 책들의 서문은 대부분 길다), 작가가 되고 난 뒤에도 헤매고 외면당했던 이야기들. 그걸 견디게 해주었던 작가들 이야기. 이론이 아닌, 고백들……. 나는 그 고백들을 읽으면 묘하게 위로받는 기분이 되곤 했다. 다들 아무것도 모르는 채 쓰고 있구나. 그러면서도 계속 써보는 것. 쓰는 행위를 보여 주는 것. 그것이 작법서들이 계속 나오는 이유 같았다.

나는 그렇게 위로받고 난 후, 강의실에 들어가서 그날 합평이 예정된 학생에게 이렇게 말하곤 했다.

"음, 네 소설은 말이야, 밀도라는 게 거의 없구나. 그걸 좀 고민해 보렴."

나는 그 말을 남기고 수업을 끝냈다.

이기호

1972년 강원 원주 출생. 1999년 월간 《현대문학》 신인추천공모에 당선되면서 작품 활동을 시작했다. 소설집으로 『최순덕 성령충만기』, 『갈팡질팡하다가 내 이럴 줄 알았지』, 『김 박사는 누구인가?』, 『누구에게나 친절한 교회 오빠 강민호』, 장편소설로 『사과는 잘해요』, 『차남들의 세계사』, 『목양면 방화 사건 전말기』 등이 있다. 광주대학교 문예창작과 교수로 재직 중이다.

여러분, 번역하지 마세요

조영학

"여러분, 웬만하면 번역하지 마세요."

번역 강의 의뢰가 들어왔다. 코로나19 팬데믹 탓에 강의가 끊긴 지 3년 만이다. 정부 지원으로 50-60대의 은퇴자들에게 재취업 교육을 제공하는 프로그램이건만 강의 첫날부터 기어이 난 저 말부터 하고 말았다.

"다른 강사들은 자기 전문 분야에 자부심이 대단한데 선생님은 들어오시자마자 번역하지 말라고 하셔서 솔직히 놀랐습니다."

첫 강의가 끝난 후 수강생이 나를 따라오며 말을 걸었다.

아무리 말려도 할 사람은 하게 마련이다. 기왕 하려면 제대로 하라는 마음으로 강의를 맡기는 했지만 50세가 넘은 나이에 도전하기에 번역가가 좋은 직업이라 할 수는 없다. 일단 진입 장벽 자체가 너무 높다. 우선 외국어 해독 능력이 최상급이어야 하고 우리말도 작가처럼 자유자재로 다룰 수 있어야 한다. 거기에 해박한 지식과 정확하고 신속한 판단력, 어느 정도의 상상력까지 뒷받침되어야 한다. 타고난 능력에 오랜 훈련까지 필요하다는 뜻이다. 지금까지 10년을 넘게 강의했지만 실제로 번역가의 자질을 갖춘 사람은 스무 명에 한 명 나올까 말까였다.

하지만 내가 번역을 말리는 이유는 다른 곳에 있다. 번역은 고된 노동이다. 기본 매절 번역료가 원고지 장당 3,500에서 4,000원 수준, 월 400만 원 정도 벌고자 하면 매달 1,000매 정도를 작업해야 하는데, 번역에 자료 조사에 교정까지, 어지간한 능력이 아니고서는 불가능에 가깝다. 실제로 직업 번역가들의 월 평균 수익은 200에서 300만 원 수준이다. 나도 20년 넘게 번역을 했지만 지난 몇 년간은 집중력도 순발력도 체력도 떨어지면서 200만 원을 넘은 적이 거의 없다. 김재인 박사는 들뢰즈의 『안티 오이디푸스』 500쪽을 10년 동안 번역하고 기껏 인세 330만 원을 받았다는데 나도 그런 적이 한두 번이 아니다. 데니스 루헤인의 『운명의 날』은 3,800매를 4, 5개월 번역하고 기껏 인세 200인가 300만 원을 손에 쥐었을 뿐이다. 그런 식으로는 가족을 부양하기는커녕 자기 한 몸 지키기도 어렵다. 고급 인력의 고난도 노고에 비해 번역가의 대우나 처우는 너무도 형편이 없다. 당연히 자긍심이나 자부심도 바닥일 수밖에 없다.

2018년 잡코리아에서 설문 조사를 한 적이 있다. 직장인에게 10년 내에 사라질 직업을 물었더니 영광스럽게도(?) 1위가 번역가였다. 인공 번역기의 눈부신 발전이 그 이유란다. 사람들이 오해하는 사실이 있다. 인공 번역기가 온전히 번역가를 대체하려면 앞으로 100에서 200년은 기다려야 한다. 그것도 엄청난 수준의 투자가 선행되었을 때 얘기다. 구글 번역 최고 담당자 마이크 슈스터는, “기계한테 한 쌍의 언어 번역을 훈련시키려면 1억 개의 학습 사례가 필요하다”라고 했는데 지금껏 번역 자체를 경시해 온 우리나라에 그만큼의 표본이 있을 리 없다. 알고리즘을 위해 좋은 번역의 기준도 세워야 하고 또 기계를 훈련할 정도의 데이터도 그만큼 필요하다. 요컨대, 인공 번역기를 만들어 내려면 역설적으로 인간 번역가가 더 필요하다는 뜻이다.

예를 들어, 인공 번역기가 95퍼센트 수준으로 책을 번역한다고 치자. 그럼 온전한 책을 만들기 위해 유능한 번역가가 달라붙어 외국 원서와 번역 원고를 비교해 가며 확인하고 교정해야 하는데 이 역시 번역 이상의 시간과 노력이 필요한 일이다. 달라지는 건 인간 번역가가 인공 번역기의 보조 수단으로 전락한다는 사실뿐이다. 혹자는 5퍼센트를 포기하고 95퍼센트로 책을 제작하면 되지 않느냐고 하지만 여전히 하세월이다. 2017년 2월 17일, 세종대학교에서 인공 번역기와 인간 번역가의 번역 대결이 있었다. 번역가 4인과 구글 번역기, 네이버 번역기 파파고, 시스트란 번역기가 기술, 비즈니스, 시사 세 영역에 걸쳐 경쟁을 벌였는데 결과는 인공 번역기의 참패였다. 속도를 제외한다면 인공 번역기는 문장 하나 제대로 구성하지 못했다. 완성도는 기껏 30에서 40퍼센트 수준이었다.

아니, 그렇다 해도 나 역시 번역가가 10년 내에 사라질 직업이라고 믿는다. 그 이유는? 인공 번역기 때문이 아니라 더 이상 번역이 직업으로 기능할 수 없어서다. 잡코리아의 설문 조사는 어쨌거나 번역 자체에 사형 선고를 내린 셈이다. 10년 내에 멸종할 직업을 누가 선택하겠는가. 번역이 버젓한 벌이 수단에서 멀어지면서 이미 유능한 인재가 발을 끊은 지 오래다. 인재의 고갈은 번역 품질의 저하로 이어질 수밖에 없다. 2006년 영미문학연구회의 「제2차 영미 고전문학 번역 평가 사업 보고서」를 보면, 집중 조사 대상 365종 중 단 7퍼센트만이 추천할 만한 번역이었다. 고전문학의 경우이지만 상업 번역 현실 역시 크게 다르지 않으리라. 툭하면 오역 시비가 발생하는 것도 그래서다.

번역 품질이 나빠지는 원인이 단지 인재 부족 탓만은 아니다. 그보다 더 심각한 원인은, 번역가의 수입이 갈수록 줄기에, 먹고 살기 위해 작업을 서두를 수밖에 없다는 데 있다. 좋은 번역이 나온다면 그게 더 이상한 노릇이다. 독서 인구가 줄고 책 판매가 급감하면서 출판사도 번역가를 우대할 여력이 없을 것이다. 어느 출판사 대표는 "비용을 줄이기 위해 제일 먼저 번역료부터 줄일 생각을 한다"라는 말까지 했다. 출판사가 원하는 번역가는 실력 있는 번역가가 아니라 값싸고 실력 있는 번역가다. 물론 이해야 하지만 번역이 과연 수요와 공급이라는 자본주의 논리로만 평가할 일일까? 우리나라 출판물의 30퍼센트가 번역서인데 이대로 번역가가 멸종하고 번역서가 사라져도 정말로 문제가 없는 걸까?

이화여대 영문과 박찬길 교수는 「좋은 번역을 위하여」(2009)라는 글에서 다음과 같이 지적한 바 있다.

"상업적 출판시장에서 좋은 번역을 더 많이 얻고 싶은가? 간단하다. 번역료를 지금의 세 배로 올리면 된다. 그렇게 하면 더 좋은 인력이 번역을 하고자 할 것이며, 번역 일의 사회적 위상도, 번역자의 자긍심도 올라갈 것이다. 월스트리트의 펀드매니저에게 직업적 자긍심이 있다면, 그것은 연봉이 높기 때문이지 증권거래라는 일의 본질이 번역의 그것보다 더 창조적이거나 고상해서가 아니다. 그렇지만 현실적으로 독자들이 갑자기 책값을 세 배로 지불하지 않는 한 출판사들이 먼저 그렇게 할 리는 없다. 그렇다면 일정한 분야에서라도 높은 수준의 번역 품질을 확보하는 방법은 번역 지원, 번역 보조금 등 공공의 자금을 통한 비상업적 번역으로 갈 수밖에 없다." 지원이 없으면 번역도 없다.

누구나 번역의 중요성을 얘기한다. 번역이 인류 역사에 미친 영향은 지대하다. 중세 유럽은 번역을 통해 그리스 과학과 철학을 접하고, 일본은 네덜란드 서적을 번역하면서 근대화의 기반을 마련했다. 번역이 아니었다면 지금 같은 문화, 과학 등 문명의 발달은 당연히 불가능했을 것이다. 단지 과거의 얘기만이 아니다. 세계인의 사고와 사상, 문화적 흐름은 번역을 통해야 이해가 가능하다. 번역이 있기에 우리는 과거와 현재의 사람들이 어떻게 생각하고 어떻게 사는지 알 수 있으며 그로써 우리 삶의 패러다임도 더욱 확대된다. 보다 넓은 세계, 보다 많은 인류와 소통하며 영향받는 가장 확실한 방법을 번역이 제공하는 것이다.

평론가 표정훈은 자신의 페이스북에서 "번역이 곧 문화이자 문명"이라고 했다. "번역서가 왜 중요하고 더 많이 제대로 번역되어야 하는가, 새삼 굳이 몇 가지 생각해 보면, 지식의 수용과 심화, 언어의 지평과 가능성 확장, 세계 인식의 범위 확대, 인간 이해의 다양성 확충, 지식, 언어, 세계, 인간. 바꿔 말하면 번역가들은 이러한 일에 헌신하고 있다. 문명/문화는 곧 번역이고, 번역이 곧 문명/문화"라는 것이다. 그런데 머지않아 번역이 이 땅에서 사라진다고?

우석대 박상익 교수는 몇 해 전, 더 이상 번역을 방치해서는 안 된다며 정부가 나서서 지원할 것을 호소했다. 『번역청을 설립하라』(2018)라는 책을 출간하고 청와대에 청원까지 올리기도 했다. 그렇게 열심히 뛰어다녔건만, 얼마 전 번역청 문제로 매체에서 전화가 왔을 때 인터뷰 요청을 거절했다고 한다. 그도 기대를 완전히 접은 것이다.

〈데드풀〉, 〈파친코〉 등의 번역으로 영화 번역계의 스타로 떠오른 황석희 번역가는 지난 10월 12일 《헤럴드경제》와의 인터뷰에서 후배 번역가들에게 "부디 굶어 죽지 말라"며 씁쓸한 당부를 전했다. "알려진 번역가가 돼서 다양한 기회를 얻을 수 있는 확률은 거의 없어요. 번역가로서 가장 중요한 것은 굶어 죽지 않는 거예요. 현실적인 번역가의 삶을 견딜 수 없다면 번역 천재라도 이 일을 할 수 없어요."

나도 올해부터 국민연금이 나오면서 번역 일을 완전히 접었다. 어차피 벌이도 안 되는 일을 더 이상 붙들 자신이 없었다. 그런데, 이러다 정말 번역가가 멸종하면 어떻게 될까? 그래도 이 나라는 아무

문제가 없는 걸까? 은근히 심통이 나기도 했다. 10년 후 번역가가 정말로 사라진 세상을 보고 싶다는 생각이 든 것이다. 어쩌면 그래서 수강생들을 말리는지도 모르겠다.

"여러분, 번역하지 마세요."

조영학

출판번역가. 『아메리칸 프리즌』, 『나는 전설이다』, 『리틀 드러머 걸』 등 100편 가까이 소설, 인문서 번역을 했다. 저서로는 『여백을 번역하라』, 『천마산에 꽃이 있다』, 『살아 있는 동안 꼭 봐야 할 우리 꽃 100』(공저) 등이 있다.

[편집자] 〈신간 책꽂이〉에는 최근 발간된 신간 가운데
눈에 띄는 책을 골라 추천 이유와 함께 소개한다.
이 책들의 선정과 소개에 도움을 주신 분들은 다음과 같다.
김경영(알라딘 인문 담당 MD), 김수현(교보문고 인문 담당 MD),
손민규(예스24 인문 담당 MD), 안찬수(책읽는사회문화재단 상임이사),
이현진(와우컬처랩 대표) (가나다순)

『휴먼 프런티어』 마이클 바스카 지음, 전리오 옮김, 퍼블리온
21세기 문명은 발전했다고 할 만하지만, 18-19세기에 형성된 근대에서 크게 나아가지 못했다. 왜 혁신이 줄어들었을까? 인류는 기후위기와 증가하는 인구를 감당할 수 있을까?(손민규)

『위어드』 조지프 헨릭 지음, 유강은 옮김, 21세기북스
서구 사회가 어떻게 세상의 주류가 되었는지를 새로운 관점으로 파헤친다. 동의하거나 반박하며 적극적인 자세로 읽어 봐도 좋겠다. 교차 독서를 유발하는, 모처럼 등장한 흥미로운 '벽돌책'.(김수현)

『에코의 위대한 강연』 움베르토 에코 지음, 이세진 옮김, 열린책들
에코가 천착했던 주제들을 다시금 만날 수 있다. 폭넓은 지식과 이를 주제와 연결 지어 전개해 나가는 방식에 탄복하게 될 것이다. 위대한 사상가의 생생한 숨결을 느낄 기회.(김수현)

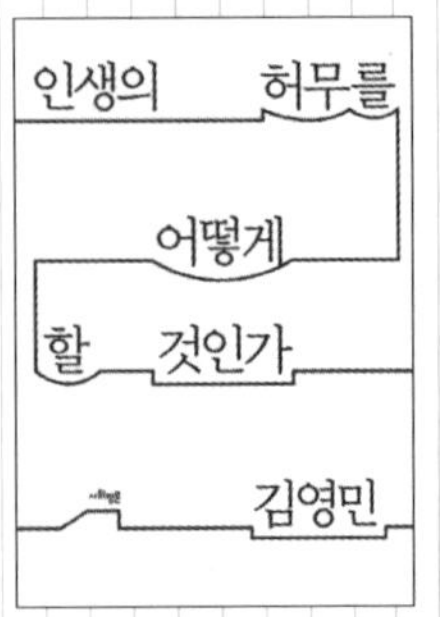

『인생의 허무를 어떻게 할 것인가』 김영민 지음, 사회평론아카데미
누구나 한 번쯤은 느낄 '인생의 허무'. 허무에 지지 않고, 허무를 직면하며, 허무와 더불어 사는 법을 이야기한다. 마음이 헛헛한 순간 곁에 두고 읽고 싶은 책.(김수현)
볼프 비어만이 말했다. "이 시대에 희망을 말하는 자는 사기꾼이다. 그러나 절망을 설교하는 자는 개자식이다." 사기꾼이나 개자식이 되지 않기 어려운 세상, 김영민은 희망도 절망도 없이 건조하고 담대하게 삶을 관조한다.(김경영)

『딥 타임』 크리스티앙 클로 지음, 이주영 옮김, 웨일북
광부들의 갱도 고립 소식을 듣고 이 책의 내용을 떠올리며 기도했다. 15명의 사람이 40일간 동굴 속에서 생활하는 실험, '딥 타임'. 실험의 결과는 희망적이었으며, 현실에서는 기적이 일어났다.(김경영)

『참 괜찮은 태도』 박지현 지음, 메이븐
저자는 15년간 다큐멘터리 디렉터로 일하며 다양한 사람을 만나 왔다. 다채로운 삶을 접하며 확인한 것은 세상은 아직 살 만하고 우리 사회에는 다정한 사람이 더 많다는 사실이다.(손민규)

『이제 그것을 보았어』 박혜진 지음, 난다
박혜진은 다양한 엔딩의 마지막 문장들을 소개하며 우리를 책으로 이끈다. 이제 우리는 마지막 문장을 기다리며 책을 펼치게 될 것이다.(이현진)

『마음의 철학자』 클레어 칼라일 지음, 임규정 옮김, 사월의책
덴마크 코펜하겐을 방문했을 때, 쇠렌 키르케고르의 삶의 흔적을 더듬어 본 적이 있었다. “중요한 것은 나에게 진리인 그런 진리를 찾는 것, 내가 그것을 위해 기꺼이 살고 죽을 수 있는 그런 이념을 찾는 것이다.” 이 책은 연대기적인 전기가 아니다. 키르케고르와 그의 저작이 남겨 놓은 궤적을 따라가며 흥미롭게 키르케고르의 철학을 재구성한 매력적인 에세이이다.(안찬수)
키르케고르에 대한 이해도 깊은 평전. 소설적 접근과 키르케고르 철학에 충실한 차례 구성을 통해 그의 삶을 입체적으로 재현한다.(김경영)

『아포칼립스』 데이비드 허버트 로렌스 지음, 문형준 옮김, 도서출판b
아포칼립스는 요한계시록의 탄생 배경을 밝히고, 유대-기독교 전통이 왜곡하며 전유한 ‘종말의 서사’를 낱낱이 비판하는 책이다. 로렌스가 자신의 마지막 작업으로 『아포칼립스』를 쓴 것은 종말론적 현실에 대한 피 터지는 마지막 투쟁이 아니었을까.(안찬수)

『저항할 권리』 조르조 아감벤 지음, 박문정 옮김, 효형출판
아감벤의 통찰은 백신 접종과 그린 패스 의무화 등 팬데믹 사태가 이어지면서 공고화된 ‘뉴노멀’을 꿰뚫고 있다. “무겁고 불투명하며 숨 막히는 적막이 온 나라를 뒤덮고, 사람들은 우울하고 불만 가득하지만, 당황하지 않고 항의하지도 않고 무슨 일이라도 기꺼이 감내하고 있다. 이것이 독재 시대의 전형적인 특징이다.”(안찬수)

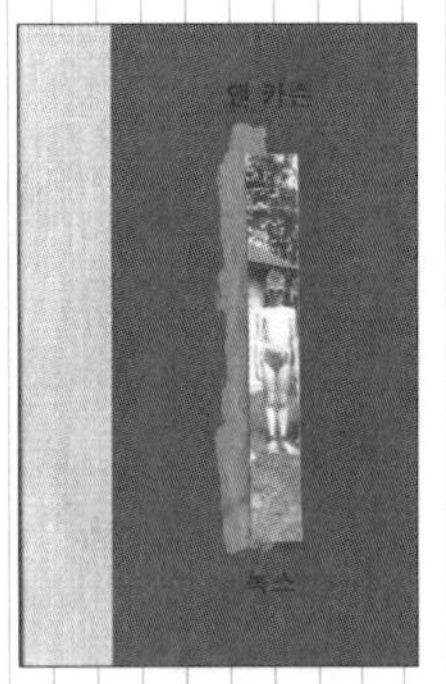

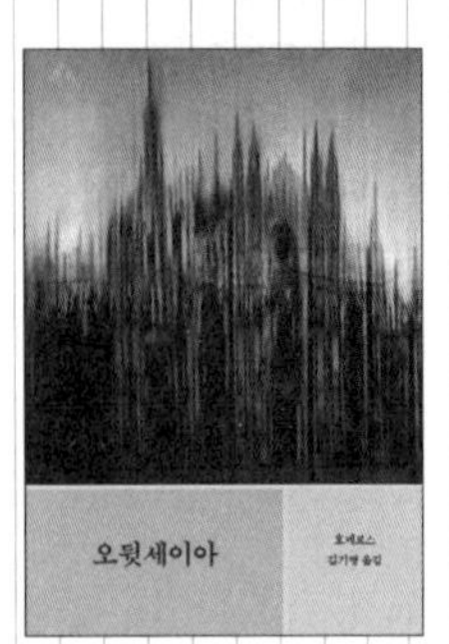

『녹스』 앤 카슨 지음, 윤경희 옮김, 봄날의책
앤 카슨이 멀리 떨어진 곳에 살았던 오빠의 죽음을 애도하며 그를 알아가는 여정을 기록한 책으로, 상실을 겪은 사람이라면 깊이 공감할 것이다.(이현진)

『라이프 인사이드』 앤디 웨스트 지음, 박설영 옮김, 어크로스
"어떤 사람이 가장 자유로울까요?", "용서란 대체 무엇일까요?" 감옥 안에서 열린 철학 수업. 질문에 대한 재소자들의 답은 제각각 진실하고, 그래서 더 의미심장하다.(김수현)

『오뒷세이아』 호메로스 지음, 김기영 옮김, 민음사
최대한 원전을 살리면서도 쉽게 읽히는 '김기영의 번역'이 빛나는 호메로스의 『오뒷세이아』를 새롭게 만날 수 있다.(이현진)

『가만히 앉아 있습니다』 김재윤 지음, 상상
이미 세상을 떠난 사람이 남긴 시집을 읽는 것은 괴로운 일이다. 그래도 우리는 읽어야 한다. 그래야 세상을 떠난 사람을 기억할 수 있다.(안찬수)

『어디선가 눈물은 발원하여』 정현종 지음, 문학과지성사
정현종 선생의 열한 번째 시집. 어쩌면 마지막 시집이 될지도 모를, 이 시집을 넘겨 본다. 무거운 것이 무겁지 않고, 가벼운 것이 가볍지 않다.(안찬수)

『아버지의 해방일지』 정지아 지음, 창비
지난 9월과 10월 페이스북에서 가장 뜨거운 독후감들이 올라온 책이 바로 이 책이었다. "정지아의 『아버지의 해방일지』라는 소설을 읽었다. 소설을 읽으며 눈물을 흘린 것이 얼마 만인가."(박두규) "나는 이 책을 통해서 빨치산, 아니 혁명운동가이자 평생의 동지인 정운찬 님과 이옥남 님에 대해 더 많은 사람이 알게 되고, 또 그들의 가장 빛나는 시절(그들은 그때 20대였을 것이다!)의 용기와 고뇌에 대해, 그리고 그들의 딸인 작가가 그 짐을 지고 겪었을 용기와 고뇌에 대해 공감하게 되는 계기가 되길 바란다."(정지석) "32년 전의 『빨치산의 딸』을 기억하며 읽는 기분이 무척 좋았습니다. 해학적인 문체로 어긋난 시대와 이념에서 이해와 화해를 풀어 가는 작가의 역량도 감탄스럽습니다."(문재인) (안찬수)
현대사를 관통하는 이 소설은 시대와 장르를 뛰어넘어 하나로 어우러지게 만들면서 재미와 의미를 함께 보여 준다.(이현진)

『캄캄한 낮, 환한 밤』 옌롄커 지음, 김태성 옮김, 문학과지성사
옌롄커는 올해로 제6회를 맞이하는 이호철통일로문학상의 수상자이기도 하다. 이 책은 그 수상에 발맞추어 번역되었다. “한 가지 잊지 말아야 할 사실은 한 시대에는 그 시대의 문학과 이야기가 있어야 한다는 것이다. 문학은 시대의 예열 속에서 먼저 뜨거워져야 많은 사람에게 알려지고 고전으로 남을 수 있다. 따라서 훌륭한 작품은 시대의 미래를 위한 무사(巫師)나 점술가가 되어야 한다. 애석하게도 내가 이런 이치를 깨달은 것은 나이 반백을 넘어서였다.” 나도 그렇다.(안찬수)

『이토록 평범한 미래』 김연수 지음, 문학동네
시간과 삶에 관한 여덟 편의 이야기로, 단편이 그려 낼 수 있는 최고의 이야기를 경험할 수 있었다.(이현진)

『어른 그림책 여행』 어른그림책연구모임 지음, 백화만발
‘어른그림책연구모임’은 어른들이 좋아할 만한 그림책을 찾아 읽고 함께 공부하며, 이를 토대로 서평을 쓰는 모임이다. 2021년 8월부터 현재까지 ‘책읽는사회문화재단’이 운영하는 ‘60+ 책 추천’에 매월 ‘어른 그림책’을 추천하고 있다. 이 서평 모임의 첫 번째 결과물. 그림책 문화의 확산을 보여 주는 책으로 평가할 만하다.(안찬수)

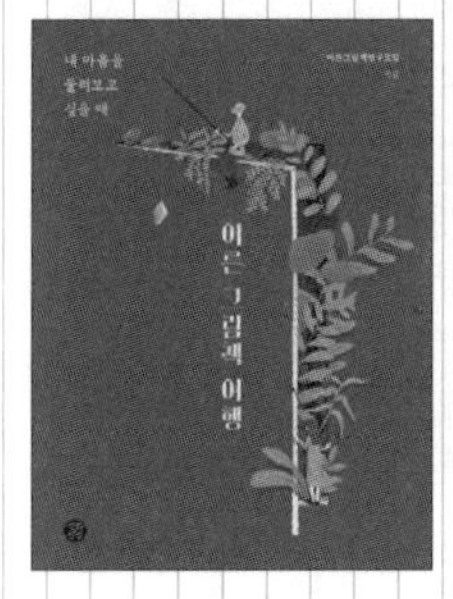

『두 여자의 인생편집 기술』 김은령·마녀체력 지음, 책밥상
저자들은 오랫동안 책을 편집해 온 노하우를 인생에 적용해 삶의 마디마다 느낀 점을 기꺼이 공유한다. 앞서 걸은 사람들의 이야기는 그 자체로 뒤에 올 이들을 위한 응원이 된다.(김수현)

『편지 쓰는 법』 문주희 지음, 유유
편지 가게 ‘글월’ 주인장이 우리에게 보내는 편지 세계로의 초대장. 편지를 둘러싼 기억과 감정을 소환하다가, 끝내는 편지 쓰고 싶은 마음이 들게 하는 책이다.(김수현)

『우리 도서관의 선구자 박봉석』 백승남·어유선 글, 이해정 그림, 서혜란 감수, 마음이음
박봉석은 조선총독부도서관이 국립중앙도서관으로 바뀌는 과정에서 큰 역할을 감당했던 사서이다. 그에 대한 연구 서적은 이미 나와 있지만, 어린이와 청소년이 그의 이야기를 읽으며 우리나라 도서관의 역사를 알 수 있도록 도와주는 책은 이 책이 처음이다. 얼마 전까지 국립중앙도서관 관장을 맡아 일해 온 학자 서혜란 선생이 감수를 맡았다.(안찬수)

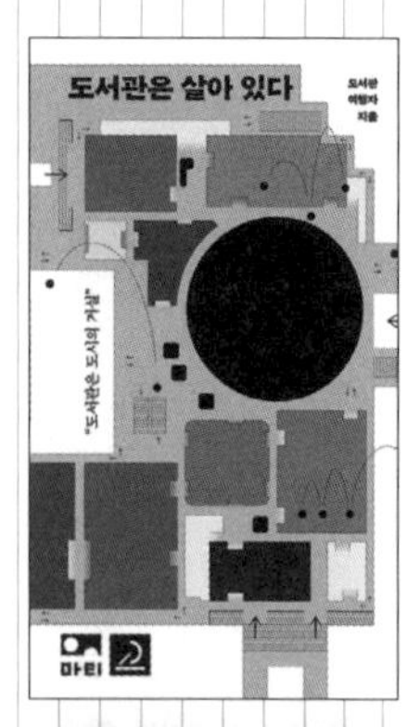

『도서관은 살아 있다』 도서관여행자 지음, 마티
도서관 하면 '조용한', '차분한' 같은 정적인 단어가 떠오르지만, 사실 도서관이야말로 가장 시끄럽게 살아 있는 공간임을 보여준다. 도서관여행자의 서재 리스트가 알짜 중의 알짜!(김수현)
도서관에 대한 무한한 애정이 낳은 글들의 모음. 이 환하게 발랄한 도서관의 세계를 읽다 보면 당장 도서관으로 향하고 싶은 마음을 참을 수가 없다.(김경영)

『귀한 서점에 누추하신 분이』 숀 비텔 지음, 이지민 옮김, 책세상
『서점 일기』의 숀 비텔이 이번에는 손님 평에 나섰다. '손님'이 아닌 '손놈'으로 부르고 싶은 사람의 유형을 열거하며 시종일관 툴툴대는데, 불쾌하기는커녕 미소가 지어진다.(김수현)

『영어의 마음을 읽는 법』 김성우 지음, 생각의힘
응용언어학자 김성우가 사고 구조와 언어가 엮인 방식을 파악해 총체적으로 언어에 접근하는 학습법을 제안한다. 영어의 세계를 조금 더 포괄적으로 인지하고 싶은 독자를 위한 책.(김경영)

『낙인이라는 광기』 스티븐 힌쇼 지음, 신소희 옮김, 아몬드
낙인에 관해 심리학적, 사회학적으로 분석한 책이자, 양극성장애를 앓던 아버지 아래에서 자라며 본인도 정신을 잃을지도 모른다는 두려움으로 살아간 저자가 쓴 회고록.(손민규)

『답답해서 찾아왔습니다』 한덕현·이성우 지음, 한빛비즈
로커와 의사가 나눈 대화는 지극히 보편적이다. 중년에 겪는 우울, 불안, 공허에 관해 나눈 두 사람의 대화가 불안과 우울을 건널 수 있도록 돕는다.(손민규)

『투명한 힘』 캐슬린 스튜어트 지음, 신해경 옮김, 밤의책
삶의 작은 각성이 일어나는 순간들, 기존의 체계로 분류할 수 없는 이 신비하고 잠재적인 순간들에 대한 캐슬린 스튜어트의 창발적 글쓰기.(김경영)

『진격의 10년, 1960년대』 김경집 지음, 동아시아
우리가 1960년대를 돌아보아야 하는 이유는 무엇인가. 급격한 변동의 시기, 68혁명의 시기, 그 시기의 핵심 주제 17가지를 뽑아내고 이를 관통하는 시대정신을 살펴보는 책이다.
"금지하는 것을 금지한다(Il est Interdit D'interdire). 이건 우리 모두의 문제다(Cela Nous Concerne Tous). 과연 우리는 이렇게 섹시한 혁명 구호를 다시 만나볼 수 있을까?"(안찬수)

『사회사상의 역사: 마키아벨리에서 롤스까지』 사카모토 다쓰야 지음, 최연희 옮김, 교유서가

이 책에서 펼쳐지는 사회사상의 역사는 근대국가와 시장경제의 관계를 원리적으로 고찰한 사상의 역사이며, 각 시대에 각 지역에서 살았던 사상가들이 그들을 둘러싸고 출현한 국가 및 시장에 관한 문제들과 씨름한 역사이다. 특히 이 책은 '자유'와 '공공'이라는 두 개념의 관계를 중심으로 설명한다. '공'과 '사'라는 긴장 관계에 대해 어떻게 볼 것인지 독자에게 고민거리를 안겨 준다.(안찬수)

『오랑캐의 역사』 김기협 지음, 돌베개

역사학자 김기협의 신작. 한족이 아닌 변방의 관점으로 중국사를 기술한다. 우리에게 익숙한 북방만이 아니라 이슬람과 유럽의 근대까지 포함해 동아시아사를 서술했다.(손민규)

『눈에 보이지 않는 지도책』 제임스 체셔·올리버 우버티 지음, 송예슬 옮김, 윌북

지도는 공간을 표현한다. 아무리 정확한 지도라도 공간에 얽힌 시간에 관해서는 전달할 수 없다. 그런데 이 책은 60여 개의 컬러 지도로 세계의 과거와 현재, 미래까지 표현해 냈다.(손민규)

『가난한 도시생활자의 서울 산책』 김윤영 지음, 후마니타스

반빈곤활동가 김윤영의 서울 이야기. 복잡한 이름의 번쩍이는 건물들을 지날 때, 그는 원래 그곳에 있었던 것들을 떠올린다. 개발의 이름 아래 폭력적으로 몰려난 목숨, 생계, 온정, 삶…… 삶.(김경영)

『우리는 침묵할 수 없다』 윤영호·윤지영 지음, ㅁ(미음)

우크라이나 전쟁이 장기화되고 있다. 전쟁이 어떻게 보통 사람의 일상을 파괴하는지 생생하게 증언한 인터뷰집. 17명의 여성이 침묵을 거부하고 전쟁의 참혹한 실상을 증언한다.(손민규)

『그건 부당합니다』 임홍택 지음, 와이즈베리

부당함을 호소하는 목소리에 주목하며 '공정이라는 단어를 어떻게 바라볼 것인가'를 논하는 책. 공정에 대한 서로 다른 감각을 단순한 세대 차이로 규정 짓지 않으려는 노력이 돋보인다.(김수현)

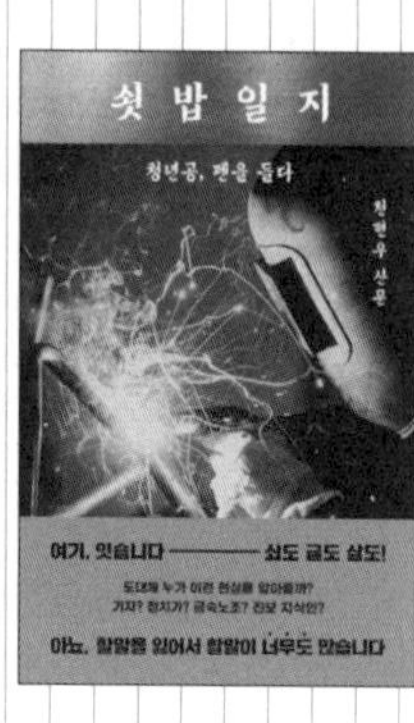

『차이나 쇼크, 한국의 선택』 한청훤 지음, 사이드웨이
경제, 외교, 역사 등 많은 분야에서 다양한 나라와 갈등을 일으키고 있는 중국. 어쩌다 중국은 악당 이미지가 되었을까? 시진핑 3연임이 확정된 지금, 필독서.(손민규)

『지구를 구할 여자들』 카트리네 마르살 지음, 김하현 옮김, 부키
성 고정관념이 혁신과 발명을 얼마나 지체시켰는지 증언하는 책. 이 책의 존재로 차별주의자들에게 성차별이 인류 전체에 거대한 해악임을 조금 더 편하게 설명할 수 있게 되었다.(김경영)

『여성, 경찰하는 마음』 여성 경찰 23인 지음, 경찰 젠더연구회 기획, 생각정원
외부로부터 진실을 호도당하고 가치를 저평가받으며, 조직 내에서도 차별받고 의심의 눈초리를 받지만, 흔들리면서도 굳세게 제 할 일을 해내는 여성 경찰 23인의 이야기.(김경영)

『다시 내가 되는 길에서』 최현희 지음, 위고
학교에 페미니즘 교육이 필요하다는 목소리를 냈다가 사회적 폭력을 당한 교사 마중물 샘의 일상 재건 일지. 조마조마하고 간절한 응원의 마음을 보내며 읽는 그의 하루, 또 하루.(김경영)

『쇳밥일지』 천현우 지음, 문학동네
책날개에 소개된 저자의 이력이 이채롭다. "전문대를 졸업한 후부터 공장에서 쉴 틈 없이 일했다." 『중공업 가족의 유토피아』의 저자인 양승훈 씨는 이 책에 대해 이렇게 소개한다. "천현우의 『쇳밥일지』는 지방 제조업 도시의 '너무한' 사연을 담은 문화기술지이면서, 부당함과 우여곡절 속에서 '쇳밥'을 먹으며 성장한 청년 용접 노동자의 '일지'이기도 하다."(안찬수)

『나는 글을 쓸 때만 정의롭다』 조형근 지음, 창비
"글을 쓸 때만 정의로워질 수 있다"는 작가의 자기반성에서 우리는 시대를 고민하는 그의 아픔을 느낄 수 있다.(이현진)

『노후를 위한 병원은 없다』 박한슬 지음, 북트리거
그동안 효율적으로 작동했던 한국 병원이 위험하다. 간호사의 '태움' 관행, 지방 병원의 소멸, 산부인과와 내과 등에 대한 전문의 기피 현상 등등. 곳곳에서 경고음이 울리고 있다.(손민규)

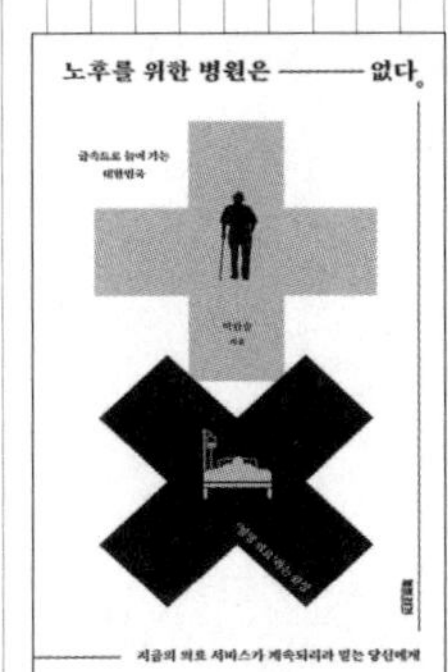

『돌봄이 돌보는 세계』 조한진희 외 지음, 다른몸들 기획, 동아시아
더 이상 이대로 둘 수 없는 '돌봄'을 다각도로 보여 주며, 우리 모두 '돌봄'의 대상이 될 수밖에 없다는 사실을 상기하게 한다.(이현진)

『식물분류학자 허태임의 나의 초록목록』 허태임 지음, 김영사
우리 땅에서 자라는 식물을 연구해 온 식물분류학자 허태임의 매혹적인 글. 사라져 가는 풀과 나무에 얽힌 역사, 사람, 자연 이야기는 소멸과 불안을 다루면서도 희망과 연대를 모색한다.(손민규)

『수학의 위로』 마이클 프레임 지음, 이한음 옮김, 디플롯
슬픔을 덜어내고 비탄에 빠진 이를 건져 내는 방법으로 '기하학'이 사용될 수 있다니 놀랍다. 저자는 수학이 삶과 동떨어져 있지 않다는 것을 보여 주면서 실의에 빠진 마음을 어루만진다.(김수현)
마이클 프레임은 수학을 통해 비탄을 바라보는 새로운 관점을 제시해 상실을 경험한 이들에게 견딜 수 있는 힘을 준다.(이현진)

지금 읽고 있습니다

강예린

Nomad Century: How Climate Migration Will Reshape Our World
Gaia Vince 지음, Flatiron Books, 2022

저자는 기후 유목이 증대하면서 변하게 될 우리 사회, 정치, 음식, 공동체에 대해 미리 보여 주려 한다. 지리와 인문, 나아가 지구의 재편성 속에서 어떻게 인류는 적응해야 하는가 묻는 저자의 질문은 시스템과 구조적 차원의 리셋은 물론 우리 스스로의 미래 공동체를 향해 직접 행동을 유도한다.

권보드래

『명작 이후의 명작』
황종연 지음, 현대문학, 2022

일부러 아껴 읽는다. 정확하고 아름다운 문장에 실린 탄탄한 지성이란 얼마나 마음을 설레게 하는지. 김소진, 신경숙, 윤대녕, 최윤……. 1990년대 작가 스무 명의 소설을 찬찬히 되새기는 즐거움은 덤이다.

김두얼

『도시의 생존: 도시의 성장은 계속될 것인가』
에드워드 글레이저·데이비드 커틀러 지음, 이경식 옮김, 한국경제신문사, 2022

에드워드 글레이저, 『도시의 승리』의 후속작. 코로나 바이러스 이후 일어난 탈도시화 경향 등을 포괄적으로 살피면서 향후 도시의 성장과 침체를 가늠한다.

김홍중

『은밀하고 거대한 감각의 세계』
마틴 스티븐스 지음, 김정은 옮김, 반니, 2022

동물들이 세계를 감각하는 방식을 알고 싶다면, 인류세가 그 감각을 얼마나 심각하게 파괴하고 있는지 알고 싶다면, 이 책을 읽기를 권한다.

박진호

『미적분의 쓸모: 보통 사람들도 이해하는 새로운 미래의 언어』(개정증보판)
한화택 지음, 더퀘스트, 2022

수학을 두려워하는 초심자들을 위해 미적분을 소개하고, 다양한 응용 분야에서 얼마나 유용하게 쓰이는지 보여 준다.

송지우

『백만장자를 위한 공짜 음식 1, 2』
이민진 지음, 유소영 옮김,
인플루엔셜, 2022

20세기 후반 뉴욕의 한국
이민자들이 주인공으로
등장하는 대작 소설. 되게
재미있다.

심채경

Spacesuit: Fashioning Apollo
Nicholas De Monchaux 지음,
MIT Press, 2011(국내 미출간)

우리나라 달 탐사를 계기로
다시 보는 아폴로. 우주선 속
또 하나의 1인용 우주선인
우주복이 자연을 모사하고
자연을 이겨 내는 방법을
살피는 건축가의 시선.

이석재

『생명의 도약』
닉 레인 지음, 김정은 옮김,
글항아리, 2011

생명의 탄생과 뒤이어 일어난
진화에서의 놀라운 변곡점을
정리한 작품. 최근 생물학의
성과가 궁금해 읽고 있다.

조문영

『황 노인 실종사건』
최현숙 지음, 글항아리, 2022

구술생애사 작가이자 반빈곤
활동가인 최현숙의 첫 소설.
빈곤이라는 저자의 오랜
화두가 새로운 장르에서
어떻게 펼쳐질지 궁금해 첫
장을 폈다.

홍성욱

『우리가 세상을 이해하길
멈출 때』
벵하민 라바투트 지음, 노승영
옮김, 문학동네, 2022

프리츠 하버, 슈바르츠실트,
아인슈타인, 슈뢰딩거,
하이젠베르크……. 한때
이런 역사책을 쓰고 싶었다.
라바투트가 소설을 먼저 썼네.

서울리뷰오브북스

Seoul Review of Books

표지 사진: 임효진

발행일 2022년 12월 5일
발행인 홍성욱
편집위원 강예린, 권보드래, 김두얼, 김영민, 김홍중, 송지우,
심채경, 박진호, 박 훈, 이석재, 조문영, 홍성욱

편집장 홍성욱
책임편집 박진호
출판PM 알렙
편집 표선아
디자인 정재완
사진 촬영 임효진
제작 (주)민언프린텍

발행처 (사)서울서평포럼
등록일 2020년 12월 4일
등록번호 서초, 바00195호
주소 서울시 서초구 반포대로13길 33, 3층 301호(서초동)
전자우편 seoulreviewofbooks@naver.com
웹사이트 www.seoulreviewofbooks.com

구독 문의 seoulreviewofbooks@naver.com
정기구독 60,000원 (1년/4권) → 50,000원(17% 할인)

자세한 사항은 QR코드를 스캔해 주세요.

ISSN 2765-1053 24 값 15,000원

서울리뷰오브북스는 한국고등교육재단의 후원을 받고 있습니다.

사용 서체
평균 Regular Radical
산돌명조네오1
산돌고딕네오1
본고딕
을유1945